Tessloffs superschlaues
ANTWORT BUCH
Natur und Tiere

Von Dr. Rainer Köthe
Illustriert von Remo Berselli, (Milan Illustrations Agency) und Thies Schwarz

Inhalt

Tierleben

Wie alt können Tiere werden?	6
Warum haben viele Tiere zwei Augen?	6
Gibt es nur eine Art von Augen?	7
Können Tiere Farben sehen?	8
Kennt man alle Tiere, die es gibt?	9
Gibt es Tiere, die Werkzeuge benutzen?	10
Warum verschlafen manche Tiere den Winter?	11
Warum leben manche Tiere in Herden oder Schwärmen?	12

Säugetiere

Was bedeutet das Wort Säugetier?	13
Welche Tiere gehören zu den Säugetieren?	14
Warum tragen Säugetiere ein Fell?	14
Wie orientieren sich Fledermäuse im Dunkeln?	15
Warum besitzen Elefanten einen Rüssel?	16
Warum haben Elefanten so große Ohren?	16
Warum sind Zebras gestreift?	17
Worin unterscheiden sich Hasen und Kaninchen?	18
Träumen Hunde und Katzen?	19
Warum hat die Giraffe einen langen Hals?	20
Warum hechelt ein Hund?	21
Warum gibt es so viele verschiedene Hunderassen?	22
Warum schnurren Katzen?	23
Warum vertragen sich Hunde und Katzen nicht?	23
Warum leuchten Katzenaugen nachts?	24
Sind Faultiere wirklich faul?	25
Warum haben Kamele Höcker?	25
Sind Hirsche männliche Rehe?	26
Wofür braucht der Hirsch ein Geweih?	27
Warum stinken Stinktiere?	28
Sind Ponys Pferdekinder?	29
Was tragen Kängurus im Beutel?	30
Sind Raubtiere böse?	31
Warum kauen Kühe den ganzen Tag?	32

Vögel

Warum haben Vögel Federn?	33
Warum singen Vögel?	34
Wo liegt der Geschwindigkeitsrekord bei Vögeln?	35
Wie groß können Vögel werden?	35
Schlafen Vögel nachts?	36
Warum hat der Pfau Augen am Gefieder?	37
Bauen alle Vögel Nester?	38
Warum erfrieren Enten auf Eis nicht die Füße?	39
Warum fliegen viele Vögel im Winter fort?	40

Inhalt

Warum haben Eulen so große Augen?	40
Warum bekommen Spechte keine Kopfschmerzen?	41

Reptilien und Amphibien

Was ist der Unterschied zwischen Reptilien und Amphibien?	42
Warum quaken Frösche?	43
Warum verändern Chamäleons ihre Farbe?	44
Wie giftig sind Schlangen?	45
Warum steckt eine Schlange oft die Zunge heraus?	45
Sind Blindschleichen wirklich blind?	46
Können Laubfrösche das Wetter vorhersagen?	47

Insekten

Wie kann man Insekten von anderen Tieren unterscheiden?	48
Wie viele Insektenarten gibt es?	49
Warum sehen Raupen anders aus als Falter?	50
Können Insekten riesengroß werden?	51
Was sind Glühwürmchen?	52
Können Insekten krank machen?	52
Warum stechen Stechmücken?	53
Warum sollen Fliegen nicht auf Speisen landen?	54
Sterben Bienen, Wespen und Hornissen, wenn sie gestochen haben?	55
Kneifen Ohrwürmer in die Ohren?	56
Saugen Bienen den Honig aus Blüten?	56
Was für ein Tier ist der Wurm im Apfel?	57

Spinnentiere

Was ist der Unterschied zwischen Insekten und Spinnentieren?	58
Sind Spinnen gefährlich?	59
Was ist ein Weberknecht?	59
Warum bauen Spinnen Netze?	60
Bauen alle Spinnen Fangnetze?	61
Warum muss man sich vor Zecken vorsehen?	62

Tiere im Meer

Welches Tier kann am tiefsten tauchen?	63
Wie intelligent sind Delfine?	63
Wie kann man Delfine dressieren?	64
Können Wale singen?	65
Müssen Fische auch atmen?	66
Warum erzeugt der Tintenfisch Tinte?	66

Inhalt

	Warum brennen Quallen?	67
	Was sind Korallen?	68
	Können Fliegende Fische wirklich fliegen?	69
	Warum kommen Wale immer an die Wasseroberfläche?	70

Ausgestorbene Tiere

Woher weiß man, welche Tiere früher lebten?	71
Wie groß wurde der größte Dinosaurier?	72
Gab es auch im Meer Saurier?	73
Wie schnell konnten Dinos laufen?	74
Hatten Dinosaurier warmes Blut?	74
Konnten Dinosaurier fliegen?	75
Wie starben die Dinosaurier aus?	76
Leben irgendwo noch Dinosaurier?	77
Gab es auch riesige Säugetiere?	78
Warum sind Mammuts ausgestorben?	79

Pflanzenleben

Warum haben Pflanzen Dornen?	80
Wie brennt die Brennnessel?	80
Woraus besteht Erdboden?	81
Wofür brauchen Pflanzen Wurzeln?	82
Warum fangen manche Pflanzen Tiere?	83
Warum sind manche Pflanzen giftig?	83
Warum werden Äcker gedüngt?	85

Kräuter, Blumen, Pilze

Warum haben Pflanzen Blüten?	86
Gibt es auch Pflanzen ohne Blüten?	87
Warum gibt es im Garten so viele Blumensorten?	87
Warum sind Blüten farbig?	88
Warum bildet der Löwenzahn Fallschirme?	89
Warum gibt es so viele Blütenformen?	90
Warum blühen manche Waldblumen schon früh im Jahr?	91
Warum wachsen Pflanzen zum Licht?	92
Warum haben Pilze Hüte?	92
Was sind die grauen oder bunten Flecken auf Steinen?	93
Warum gibt es so weite Grasgebiete?	94
Blüht auch Gras?	95
Was ist Schimmel?	96

Inhalt

Bäume und Büsche

Welche Bäume wachsen am höchsten?	97
Warum werden Früchte bunt?	98
Warum produzieren viele Bäume riesige Mengen an Früchten?	98
Was sind Jahresringe?	99
Warum haben manche Bäume Nadeln?	100
Wie kommt das Wasser in die Baumkrone?	101
Warum werfen Bäume ihre Blätter ab?	102
Warum verfärbt sich das Herbstlaub?	102
Was sind die gelben Wolken, die aus Nadelbäumen kommen?	103
Was ist ein Tannenzapfen?	104
Was bedeutet „Baumgrenze"?	105
Was passiert mit einer Wiese, wenn man sie nicht mäht?	106
Was sind Mangroven?	107

Produkte der Natur

Was ist der Unterschied zwischen Wolle und Baumwolle?	108
Was sind Vitamine?	109
Wie wird Kaugummi hergestellt?	110
Woher stammt Leder?	110
Woraus wird Lakritze gemacht?	111
Wo wächst der Pfeffer?	112
Was sprudelt im Selterswasser?	112
Wo kommt das Salz her?	113
Was ist Zucker?	114
Warum pufft Popcorn?	115
Wie entstehen Perlen?	116
Woraus bestehen Eier?	116
Was ist Milch?	117
Was ist der Unterschied zwischen Butter und Margarine?	118
Was kann man alles aus Milch herstellen?	119
Wie kommen die Löcher in den Käse?	120
Was ist Tee?	121
Wo kommt Kaffee her?	122
Welche Sorten von Getreide nutzen wir hauptsächlich?	123
Wo wächst Schokolade?	124
Gibt es Bäume, die Eukalyptusbonbons tragen?	125
Wie wird Bier gebraut?	126

Register	127

Tierleben

Die Welt der Tiere ist spannend und reich an überraschenden Dingen. Das erkennt man besonders dann, wenn man den Körperbau und das Verhalten mancher Tiere genauer betrachtet.

Wie alt können Tiere werden?

Wir Menschen gehören mit einem Höchstalter von 118 Jahren zu den langlebigsten Geschöpfen. Übertroffen werden wir von einigen Schildkrötenarten und vom Stör, die bis zu 150 Jahre werden können. Andererseits werden viele Säuger und Vögel nur mehrere Jahre alt. Und besonders kurz ist das Leben vieler Insekten – eine Stubenfliege erreicht zum Beispiel nur ein Höchstalter von ungefähr 2 Monaten.

Durch seitlich liegende Augen haben Vögel ein großes Gesichtsfeld.

Regenwurm	10 Jahre	Delfin	30 Jahre
Stubenfliege	76 Tage	Elefant	70 Jahre
Karpfen	100 Jahre	Katze	35 Jahre
Stör	150 Jahre	Löwe	30 Jahre
Spatz	23 Jahre	Maus	4 Jahre
Kuckuck	40 Jahre	Reh	16 Jahre
Storch	90 Jahre	Esel	100 Jahre

Warum haben viele Tiere zwei Augen?

Weil zwei Augen deutlich besser sind als nur ein einziges. Sitzen die beiden Augen seitlich am Kopf, können sie einen größeren Raum überschauen und damit besser herannahende Feinde bemerken oder Beutetiere erkennen. Sitzen sie dagegen an der Kopfvorderseite wie bei uns

Tierleben

Menschen, ermöglichen sie räumliches Sehen. Für unsere in Bäumen lebenden äffischen Vorfahren war das sehr wichtig, denn sie sprangen oft von Ast zu Ast – und ein Fehlgriff bedeutete den Absturz.

Für uns ist das Sehen mit zwei Augen so selbstverständlich, dass wir kaum darüber nachdenken. Sehr viele Tierarten – und gerade die höher entwickelten – besitzen zwei Sehorgane: alle Wirbeltiere, also Säuger, Vögel, Amphibien, Reptilien, Fische und auch die Kopffüßer (Kraken und Tintenfische).

Gibt es nur eine Art von Augen?

Im Gegenteil: Das Sehen können ist für Tiere so wichtig, dass die Natur das Auge – in unterschiedlichen Ausführungen – gleich mehrfach entwickelt hat. Unsere Augen sind „Linsenaugen": Ähnlich wie bei einer Kamera wirft eine Linse ein Bild auf die Netzhaut im Auge, die sehr viele lichtempfindliche Zellen besitzt. Dieser Augentyp gehört zu den besten, die es in der Natur gibt.

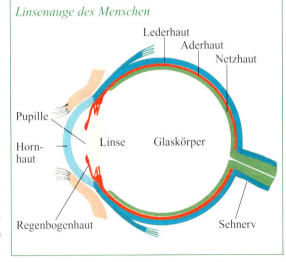

Linsenauge des Menschen

Einen einfacheren Augentyp haben Spinnen. Manche Arten besitzen dafür aber gleich acht dieser „Einzelaugen" in unterschiedlichen Bauformen. Eine Sorte ist darauf spezialisiert, ein gutes Bild der Umgebung zu liefern, die andere reagiert besonders gut auf Bewegungen.

Ganz anders sind die „Facettenaugen" der Insekten und Krebstiere aufgebaut. Sie enthalten je nach Art Dutzende bis 28 000 einfach gebaute Einzelaugen. Jedes schaut starr in eine bestimmte Richtung. Obwohl die Insekten zwei solcher Facettenaugen besitzen, ist räumliches Sehen damit nur begrenzt möglich. Immerhin können die mit besonders guten Facettenaugen ausgestatteten Libellen schnell fliegende Insekten fangen.

 Tierleben

Tiere, die an der Wasseroberfläche leben, besitzen bisweilen geteilte Augen – etwa die in heimischen Tümpeln vorkommenden kleinen Taumelkäfer oder das Vierauge, ein Fisch, der in Südamerika zu Hause ist. Der obere Teil der Augen ist dabei so gebaut, dass es besonders gut in Luft funktioniert, während der untere Teil auf das Sehen in Wasser spezialisiert ist.

Können Tiere Farben sehen?

Beim Sehen von Farben gibt es große Unterschiede. Allgemein kann man sagen, dass Nachttiere Farben eher schlecht sehen können. Für Mäuse, Ratten und Katzen zum Beispiel ist es viel wichtiger, noch in tiefer Dunkelheit etwas erkennen zu können, als tagsüber Farben zu unterscheiden. Auch viele Raubtiere und Huftiere wie beispielsweise Pferde sind farbenblind oder haben ein stark eingeschränktes Farbensehen.

Durch eine spezielle UV-Aufnahme werden die Nektarien der Blüte (schwarz) für unser Auge sichtbar.

Viele Insekten dagegen können gut Farben unterscheiden und sogar das für unsere Augen unsichtbare ultraviolette Licht wahrnehmen. Besonders gut untersucht ist das Farbensehen bei der Honigbiene. Ihre Facettenaugen sind empfindlich für blaues, grünes und ultraviolettes Licht. Rot dagegen sieht sie nicht, das nimmt sie als Schwarz wahr. Dafür erkennt sie ultraviolette Merkmale in vielen Blüten, die uns verborgen bleiben.

Besser noch als wir Menschen können Vögel Farben wahrnehmen. Farbige Öltröpfchen auf ihrer Netzhaut erhöhen durch Filterwirkung deren Empfindlichkeit für rote, gelbe und grüne Farbtöne. Daher sind fast alle Blüten, die von Vögeln

Leuchtende Blütenfarben locken Honigbienen an.

Tierleben

(etwa Kolibris) bestäubt werden, rot. Auch viele Beeren tragen Rot, weil sie für das Vogelauge gut sichtbar sein möchten – die Flieger sollen die Beeren fressen und die Samen dadurch verbreiten.

Auch Vögel können ultraviolettes Licht wahrnehmen. Manche Früchte, die uns unauffällig erscheinen, leuchten daher für sie geradezu aus dem Laubwerk. Und sie vermögen sogar die Schwingungsrichtung („Polarisation") der Lichtwellen zu erkennen. Dadurch können Zugvögel zum Beispiel selbst bei bedecktem Himmel den Stand der Sonne am Himmel ermitteln.

> Wie Tieraugen Farben erkennen, kann man durch Untersuchung der Augen herausfinden, wenn auch auf diesem Gebiet noch vieles unerforscht ist. Wie sie die Farben allerdings empfinden – also wie eine Honigbiene die Welt tatsächlich sieht – werden wir kaum jemals herausfinden. Denn hier spielen Nerven und Gehirn eine große Rolle. Beim Menschen zum Beispiel ruft rotes und grünes Licht, gleichzeitig gesehen, einen völlig neuen Farbeindruck hervor: Gelb.

Kennt man alle Tiere, die es gibt?

Bei weitem nicht. Immer noch werden ständig neue Lebewesen entdeckt. Besonders im tropischen Regenwald, wo die Artenfülle riesengroß ist, stoßen Forscher ständig auf neue Tierarten. Das sind meist Insekten, Spinnentiere und andere Kleintiere. Besonders seit man die zuvor unerforschten Baumkronen genauer untersucht, kommen ständig Meldungen über neue Funde.

Aber selbst bei größeren Tieren gibt es noch einiges zu entdecken. Die Ozeane, die den größten Teil der Erdoberfläche bedecken, sind

 Tierleben

noch längst nicht vollständig erforscht. Eine Riesenüberraschung war der Quastenflosser, ein urtümlicher Fisch, der 1938 Fischern ins Netz ging. Er galt als längst ausgestorben. Heute weiß man, dass die Tiere verborgen in rund 200 Metern Tiefe leben. Auch auf dem Festland gibt es noch Geheimnisse zu enträtseln. Erst im Laufe der letzten Jahrzehnte entdeckten Forscher den Berggorilla, das Zwergflusspferd, das Okapi, den Komodowaran und den Riesenpanda.

Angesichts dieser Erfahrungen hat sich eine eigene Forschungsrichtung gebildet, die „Kryptozoologie" (griechisch: kryptos = verborgen), die neue Tierarten aufspüren möchte.

Gibt es Tiere, die Werkzeuge benutzen?

Kaktusfink

Lange Zeit glaubte man, der Mensch sei das einzige Lebewesen, das Werkzeuge benutzt. Aber inzwischen haben Beobachtungen an mehreren Tierarten ergeben, dass auch sie Werkzeuge verwenden – meist um besser an bestimmte Nahrung heranzukommen.

Allerdings stellen sie diese Werkzeuge nicht selbst her, sondern benutzen jeweils gefundene Gegenstände. Kaktusfinken, die auf den Galapagos-Inseln im Pazifik leben, stochern mit Hilfe langer spitzer Kaktusstacheln in engen Löchern nach Insekten. Singdrosseln öffnen Schneckenhäuser, indem sie sie gegen einen Stein schlagen. Nur Menschenaffen wie Schimpansen nützen verschiedenartige Werkzeuge und richten sie auch her. Sie streifen von einem Stock die Blätter ab, um dann damit Termiten aus ihrem harten Hügel zu „angeln".

Ausgefeilte und immer wieder benutzte Werkzeuge, wie wir Menschen sie besitzen – vom Taschenmesser bis zum Riesenkran, von der Taschenlampe bis zum Hochleistungscomputer – gibt es sonst im Tierreich nicht.

Tierleben

Warum verschlafen manche Tiere den Winter?

Weil es für sie in dieser Zeit nicht genug Nahrung gibt. Manche Vögel fliegen in dieser Zeit in wärmere, nahrungsreichere Gebiete. Andere finden auch im Winter genug zu fressen – notfalls im Futterhäuschen. Aber Kleintiere wie Igel, Frösche, Fledermäuse, Siebenschläfer, Murmeltiere, Hamster und manche Insektenarten können nicht wegfliegen. Sie reagieren auf den Nahrungsmangel, indem sie ihren Körper auf

„Sparflamme" stellen. Im Sommer und Herbst fressen sie sich noch möglichst große Fettreserven an, dann suchen sie sich ein Versteck für den Winter – etwa in einer Höhle, am Grund des Teiches, in einem Erdloch, hinter der Rinde eines Baumes, auf einem Dachboden oder unter einem Laubhaufen. Dort rollen sie sich zusammen und fallen in den so genannten Winterschlaf.

Der Körper wird starr, die Temperatur sinkt kräftig, Atmung und Herzschlag verlangsamen sich deutlich. So können die Tiere mit einem Bruchteil der Energie leben, die sie in wachem Zustand brauchen.

Manche Arten legen Nahrungsvorräte für den Winter an: Bienen speichern Honig und Hamster häufen Korn in ihrem unterirdischen Bau auf. Waldtiere wie Eichhörnchen, Spechte, Eichelhäher und Mäuse sammeln Eicheln und andere Nahrungsvorräte für schlechte Zeiten. Und Fleischfresser wie Bären, Wölfe und Füchse vergraben bisweilen Reste ihrer Mahlzeiten – wenn der Hund einen Knochen im Garten einwühlt, betreibt er Vorsorge.

 Tierleben

Warum leben manche Tiere in Herden oder Schwärmen?

Weil sie dann sicherer leben. Ein Einzeltier kann einmal unaufmerksam sein und von einem Feind überrascht werden, aber in einer Gruppe entdeckt fast immer wenigstens ein Mitglied die Gefahr und warnt alle anderen. Außerdem ist für jedes einzelne Tier der Gruppe die Gefahr, gefressen zu werden, viel geringer – der Räuber hat ja die Auswahl unter Dutzenden oder gar Hunderten von anderen Gruppenmitgliedern.

Andererseits hat das Gruppenleben auch Nachteile. Es funktioniert nur in einer Umgebung, die reich an Nahrung ist, da es immer für alle reichen muss. Für weidende Tiere oder Körner fressende Vögel ist diese Lebensweise ideal. Beutegreifer dagegen erbeuten selten viel Nahrung auf einmal, deshalb leben Löwen oder auch Wölfe in kleinen Rudeln.

Königspinguine leben in der Antarktis in Kolonien.

Es gibt große Unterschiede zwischen Tiergruppen. In einem Schwarm kennen sich die Einzeltiere nicht. Sie erkennen höchstens Fremdlinge am Aussehen oder am Geruch. In einem Rudel oder einer Herde aber kennen sich alle Mitglieder untereinander und besitzen einen bestimmten Rang. Es gibt Anführer, die meistens bestimmte Vorrechte bei der Nahrung und bei den Weibchen haben, und weniger bevorzugte Mitglieder.

Säugetiere

Fast alle großen Tiere, denen man in der freien Natur oder im Zoo begegnet, gehören zu den Säugetieren – ganz bestimmt dann, wenn sie Haare tragen, denn ein Fell gibt es nur bei Säugern. Was zeichnet diese Tiergruppe aus, zu der auch wir Menschen zählen?

Was bedeutet das Wort Säugetier?

Das Wort kommt von „saugen". Denn die Säugetiermutter bildet Milch als erste Nahrung für ihre Jungen. Diese Milch enthält alle wichtigen Nährstoffe. Die oft noch blinden und nackten Jungen brauchen nur die Zitzen, die Mündungen der Milchdrüsen, zu suchen und daran zu nuckeln. Bei vielen anderen Tiergruppen dagegen müssen schon die frisch geborenen Jungen das Gleiche essen wie ihre Eltern oder sich gar ihre Nahrung von Anfang an selbst suchen.

Säugetiermütter kümmern sich mehr um ihre Nachkommen als andere Tiergruppen. Die Jungen wachsen in ihrem Leib gut geschützt heran und werden schließlich „lebend" geboren, also nicht als Ei. Meist bleiben sie dann noch wochen- oder monatelang in mütterlicher Obhut bis sie selbstständig sind. Manchmal, wie etwa beim Menschen, sogar viele Jahre. Das hat große Vorteile: Die Nachkommen werden gut ernährt, sind beschützt, und sie lernen in ihrer Jugend viel von ihren Eltern.

Katzenmütter kümmern sich intensiv um ihre Jungen.

Säugetiere sind besonders intelligent. Sie können von den Erfahrungen ihrer Eltern profitieren und sich dadurch leichter als andere Tiergruppen an veränderte Lebensumstände oder neue Nahrungsquellen anpassen.

Säugetiere

Welche Tiere gehören zu den Säugetieren?

Die Artenzahl der Säuger ist im Vergleich mit anderen Tiergruppen gar nicht besonders hoch – es gibt nur rund 4500 Säugetierarten, aber über 8000 Vögel, 35 000 Fische und viele Millionen von Insekten. Aber Säuger sind oft recht groß, auffällig und sie kommen auf der ganzen Erde vor – im Meer wie Wale und Robben, in den Eiswüsten der Arktis wie Eisbär und Moschustier. Auf Grasland leben Antilopen und Löwen, in der Luft Fledermäuse, in Wüsten Kamele, im tropischen Regenwald Affen und Tiger. In Zonen gemäßigten Klimas finden wir Hirsche und Rehe, in Süßwasser Nilpferde, Otter, Biber und fast überall Mäuse und Ratten. Auch unsere Haustiere die Hunde, Katzen, Schweine, Kühe, Ziegen und Schafe gehören zu den Säugern.

Schimpanse

Das größte Säugetier – und das schwerste Tier, das jemals gelebt hat – ist der Blauwal. Das Wasser trägt sein Gewicht von rund 150 Tonnen. Elefanten, die größten Landsäuger, bringen dagegen nur höchstens 7,5 Tonnen auf die Waage. Mit gerade mal 2 Gramm ist die Etrusker-Spitzmaus das kleinste Säugetier.

Warum tragen Säugetiere ein Fell?

Sie schützen damit ihren Körper vor zu hohem Wärmeverlust. Die Haare schließen Luft ein, und die hindert die Körperwärme daran, abzufließen. Das ist nötig, weil alle Säuger eine Körpertemperatur von etwa 36 bis 40 Grad Celsius haben, die sie ständig beibehalten. Bei allen anderen Tiergruppen außer Vögeln bestimmt die Umgebungstemperatur die Körpertemperatur. Das Fell der Säuger schützt vor Regen und ist bei vielen Arten unauffällig braun oder grau gefärbt. Dadurch kann sich der

Säugetiere

Träger leicht tarnen. Manche Haare, etwa die Schnurrbarthaare der Katzen, dienen als höchst empfindliche Sinnesorgane für Luftbewegungen. Igel und Stachelschweine nutzen verdickte, spitze Haare als Schutz.

Fast alle Säugetiere tragen Fell, mit einigen Ausnahmen. Die im Meer lebenden Säugetiere zum Beispiel besitzen kein Haarkleid. Sie schützen sich mit einer Speckschicht vor dem kalten Wasser. Und auch der Mensch hat sein Fell zum größten Teil verloren.

Besonders trickreich ist das Fell des Eisbären. Wegen seines kalten Lebensraums müsste er eigentlich dunkle Haare haben, denn ein dunkles Fell kann besser die Sonnenwärme aufnehmen. Andererseits würde er damit im Schnee zu sehr auffallen und könnte sich nicht an Beutetiere anschleichen. Und die Lösung der Natur? Die Eisbärenhaut ist schwarz, und die Haare sind so gebaut, dass sie zwar weiß erscheinen, aber dennoch die Sonnenwärme auffangen und wie Röhren auf die Haut leiten.

Wie orientieren sich Fledermäuse im Dunkeln?

Es war jahrtausendelang ein Rätsel, wie sich die Tiere in stockdunkler Nacht zurechtfinden. Erst 1938 kam der amerikanische Biologe Donald Griffin dem Geheimnis der Tiere auf die Spur. Mit Hilfe empfindlicher Mikrofone stellte er fest, dass Fledermäuse Schallsignale mit so hohen Tönen aussenden, dass unsere Ohren sie nicht hören können. Die Echos dieser „Ultraschallsignale" fangen die Tiere mit ihren großen Ohren auf, und das Fledermausgehirn formt daraus ein „Bild" der Umgebung – Fledermäuse können also „mit den Ohren sehen".

Die Leistung dieses Echopeilsystems ist erstaunlich. Die Tiere können damit in dunklen Räumen selbst feinen Drähten ausweichen, sie erkennen eine Mücke noch aus etwa 50 Metern Entfernung und können sie im Flug fangen. Dabei können sie die Echos ihrer eigenen Rufe unter all den Rufen in einem Fledermausschwarm unterscheiden.

 Säugetiere

Warum besitzen Elefanten einen Rüssel?

Weil sie so groß sind. Wenn man sich als Tierart gegen Fleisch fressende Raubtiere schützen möchte, gibt es mehrere Möglichkeiten. Zum Beispiel schnell laufen zu können wie Gazellen, sich einen dicken Panzer zuzulegen wie Nashörner – oder so groß und dickhäutig zu sein, dass sich kein Raubtier heranwagt. Und das sind die Elefanten.

Allerdings bringt diese Körperfülle ein Problem mit sich: Der dazu passende Kopf mit seinen mächtigen Zähnen und gewaltigen Kiefern ist sehr schwer und erfordert daher kräftige Muskeln, um ihn vorn am Körper zu tragen. Ein langer Hals würde dieses Problem noch vergrößern.

Damit die Tiere Nahrung aufnehmen können, hat die Natur die geniale Konstruktion „Rüssel" entwickelt. Er entstand dadurch, dass Nase und Oberlippe länger wurden und miteinander verwuchsen. Damit können die Elefanten Pflanzen vom Boden und Blätter von meterhohen Bäumen pflücken. Sie nutzen den Rüssel als Riechorgan und als Greifwerkzeug, mit dem sie selbst kleine Gegenstände vom Boden aufnehmen können. Elefanten trinken damit, indem sie Wasser in den Rüssel saugen und dann ins Maul spritzen. Und notfalls ist der muskulöse Rüssel eine wirksame Waffe.

Afrikanische und Indische Elefanten unterscheiden sich unter anderem in der Rüsselform: Beim Indischen Elefanten hat der Rüssel am Ende einen „Finger" zum Greifen, beim Afrikaner zwei.

Warum haben Elefanten so große Ohren?

Weil ihnen sonst zu warm würde. Ihr riesiger Körper, der sie gegen den Angriff von Raubtieren schützt, bringt einen Nachteil mit sich. Er erzeugt mehr Körperwärme, als durch die Haut abfließen kann. Kleine Tiere haben im Verhältnis zu ihrem Körpergewicht eine große Hautfläche. Aber

Säugetiere

Afrikanischer Elefant

bei steigender Größe verschiebt sich dieses Verhältnis. Bei doppeltem Körperdurchmesser vergrößert sich das Gewicht auf das Achtfache, die Oberfläche aber nur auf das Vierfache.

Noch dazu leben gerade Afrikanische Elefanten in der offenen Steppe, wo tagsüber die tropische Sonne brennt und die Temperaturen auf über 40 Grad Celsius steigen. Schwitzen können Elefanten nicht. Sie besitzen keine Schweißdrüsen. Also ziehen sich die Riesen wenigstens während der heißesten Tagesstunden in den Schatten eines Baumes zurück und wedeln langsam mit ihren riesigen Ohren. Sie sind rund 8 Quadratmeter groß (das entspricht etwa der Fläche von vier nebeneinander aufgestellten Einzelbetten) und von unzähligen Adern durchzogen, durch die das warme Blut strömt und Wärme an die Luft abgibt.

Die Waldelefanten und die Indischen Elefanten leben in kühleren Umgebungen. Daher sind ihre Ohren auch deutlich kleiner.

> Das Wärmeproblem der Elefanten ist auch der Grund, warum sie zu den ganz wenigen Säugetieren ohne Fell gehören. Ein wärmender Pelz wäre das Letzte, was ihnen in der sengenden Hitze noch fehlte.

Warum sind Zebras gestreift?

Auf den ersten Blick wird dir kaum ein auffälligeres Muster im Tierreich einfallen. Dennoch sind die Zebras gestreift, um möglichst unsichtbar zu sein.

Lange Zeit glaubten die Tierforscher, dass die Streifenzeichnung das Tier in der flirrenden Hitze der afrikanischen Steppe „verschwimmen" lässt. Dadurch sollten die Löwen, die Hauptfeinde dieser afrikanischen Pferde, die Zebras weniger gut erkennen können. Diese Theorie hat aber einen Haken. Löwen finden ihre Beute kaum mit den Augen, sondern mithilfe

Säugetiere

ihres Gehörs und ihres Geruchssinns. Sehr viel wahrscheinlicher ist, dass sich die Zebras mit ihrem Streifenmuster gegen die Entdeckung durch die Tsetse-Fliege schützen. Diese Fliegen sind eine verbreitete Plage im tropischen Afrika: Sie saugen Blut und übertragen dabei auf Mensch wie Tier gefährliche Krankheiten.

Man hat vor einigen Jahren durch Experimente herausgefunden, dass diese Insekten ein Streifenmuster mit bestimmter Breite der Streifen nicht mehr erkennen können – und die Zebrastreifen entsprechen diesem Muster recht genau. Für diese Theorie spricht, dass gestreifte Zebras nur im Verbreitungsgebiet der Tsetse-Fliege vorkommen – weiter nördlich leben dagegen ungestreifte Zebraverwandte: Wildesel und Pferde.

Die Streifen schützen Zebras vor Tsetse-Fliegen.

Worin unterscheiden sich Hasen und Kaninchen?

Auf den ersten Blick sehen sie fast gleich aus: graubraunes Fell, länglicher Kopf, weißer Schwanz, lange Ohren. Tatsächlich sind die Tiere auch verwandt. Beide ernähren sich von Pflanzen, also Gras, Kräutern und Früchten, und beide Arten bekommen rasch und oft Junge – ein Kaninchen hat bis zu siebenmal pro Jahr jeweils sechs Nachkommen. Eine Feldhäsin bekommt zwei- bis dreimal im Jahr jeweils bis zu 5 Junge.

Wenn du genau hinsiehst, kannst du sie dennoch leicht auseinander halten. Hasen sind doppelt so groß wie Kaninchen, sie werden fast 80 Zentimeter lang – so viel wie ein Dackel. Außerdem sind ihre Ohren, die auch „Löffel" genannt werden, immer länger als der Kopf und würden, nach vorn gelegt, die Schnauzenspitze erreichen.

Säugetiere

Ganz verschieden ist auch die Lebensweise. Kaninchenfamilien graben sich Baue. Dort werden die Jungen geboren und noch einige Tage umsorgt. Hasen dagegen liegen in einer offenen Grasmulde und bringen dort ihre Jungen zur Welt. Sind Feinde im Anmarsch, verschwinden Kaninchen in ihren Löchern. Hasen haben ein tarnendes Fell und bleiben regungslos sitzen, nur im Notfall rasen sie Haken schlagend und in weiten Sprüngen davon.

Laufender Feldhase und ein Kaninchen in seinem Bau

Weil Häsinnen und Kaninchenmütter so oft Junge bekommen, müssen die Nachkommen rasch erwachsen werden. Kleine Kaninchen brauchen dazu nur einen Monat, und Feldhasen sind sogar schon 3 Wochen nach der Geburt selbstständig.

Träumen Hunde und Katzen?

Und wie! Das weiß jeder Hunde- und Katzenbesitzer, denn es ist deutlich zu sehen. Eben noch lag der Hund unbeweglich im tiefen Schlaf. Plötzlich zuckt sein Körper, er bewegt die Pfoten und den Schweif, knurrt im Schlaf – und manchmal bellt er sogar und wacht davon auf. Vielleicht hat er gerade im Traum ein Tier gejagt oder einen Einbrecher vertrieben. Junge Hunde träumen offenbar mitunter, dass sie wieder bei ihrer Mutter liegen: Sie nuckeln im Schlaf und zucken mit der Schnauze, so wie es Hundebabys beim Milchtrinken machen würden.

 Säugetiere

Auch Katzen träumen. Dann zucken ihre Pfötchen, die Schnurrbarthaare vibrieren und die geschlossenen Augen bewegen sich. Vielleicht fangen sie jetzt gerade eine Maus oder laufen hinter einer anderen Katze her. Manche Katze schnurrt oder mauzt auch im Schlaf.

Offenbar träumen also diese Tiere ähnlich wie wir. Doch wissen wir ebenso wenig wie bei menschlichen Träumen, was sich dabei genau im Gehirn abspielt.

Warum hat die Giraffe einen langen Hals?

Damit sie etwas fressen kann, an das kein Nahrungskonkurrent herankommt, nämlich die Blätter der hohen Akazienbäume in der afrikanischen Savanne. Diese Bäume haben zwar Dornen, aber die machen dem festen Gaumen der Giraffen offenbar wenig aus. Außerdem bietet ihre Kopfhöhe von fast 6 Metern noch einen weiteren Vorteil: Giraffen können das Grasland weit überblicken und Feinde daher viel früher erkennen als kleinere Tiere.

Allerdings musste sich der Giraffenkörper dieser Höhe erst einmal anpassen: Giraffen sind Wiederkäuer. Das bedeutet, der Nahrungsbrei muss aus dem Magen 3 Meter hoch ins Maul befördert werden, um dort nochmals zerkaut zu werden. Dafür besitzt die Speiseröhre besonders kräftige Muskeln. Ein noch schwierigeres Problem ist der Blutdruck. Besonders

Säugetiere

das empfindliche Gehirn muss vor starken Druckschwankungen geschützt werden. Dazu dienen Muskeln an den Schlagadern, Ventilklappen, ein kräftiges Herz sowie ein Blut speicherndes Adergeflecht nahe des Hirns. Insgesamt sorgen sie dafür, dass das Hirn auch dann nicht gefährdet wird, wenn die Giraffe beim Trinken ihren Kopf zum Boden streckt und ihn dann um 6 Meter in die Höhe hebt.

> So viele Vorteile der hohe Körper der Giraffe bringt – für die jungen Giraffen bedeutet er bei ihrer Geburt einen „Sturz ins Leben". Giraffenmütter gebären ihre Jungen nämlich im Stehen. So fallen diese erst einmal 2 Meter tief auf den Boden. Das scheint ihnen aber nichts auszumachen. Schon kurz nach der Geburt können sie auf noch wackligen Beinen umherlaufen.

Warum hechelt ein Hund?

An heißen Tagen sind Hunde, Katzen, Vögel und andere Tiere nicht zu beneiden. Während wir uns nur noch leicht kleiden, müssen sie trotz der Hitze in ihrem wärmenden Fell oder Gefieder ausharren. Schwitzen können sie auch nicht, weil sie keine Schweißdrüsen auf der Haut besitzen. Sie wären unter dem Fell auch wenig sinnvoll.

Die einzige Möglichkeit, überschüssige Körperwärme loszuwerden, ist Hecheln: rasches Ein- und Ausatmen mit offenem Maul. Dabei verdunstet Wasser von der gut durchbluteten Zunge und den Schleimhäuten und kühlt so das Blut. Beim Hecheln verliert der Körper natürlich viel Wasser, daher sollte insbesondere an heißen Tagen stets frisches Wasser für das Tier bereitstehen.

Hunde hecheln, um sich abzukühlen.

# Säugetiere

Warum gibt es so viele verschiedene Hunderassen?

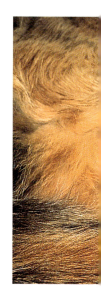

Weil Hunde so viele verschiedene Aufgaben für den Menschen erfüllen. Immerhin war der Hund das erste Haustier des Menschen. Er wurde vor rund 15000 Jahren aus dem Wolf gezähmt, lange bevor Menschen Dörfer bauten und Vieh züchteten. Der Grund dafür: Hunde sind besonders anhänglich und schließen sich an „ihren" Menschen an. Außerdem können sie dank ihrer scharfen Sinne (besonders Geruchs- und Gehörsinn) und ihrer Körperkraft vielfältige Dienste leisten. Und im Laufe der Jahrhunderte hat man Hunde gezüchtet, deren Körperbau oder Temperament sich für bestimmte Spezialaufgaben besonders gut eignen.

So führen Hunde blinde Menschen sicher durch den Straßenverkehr, werden als Spürhunde bei der Polizei eingesetzt und leisten als Helfer bei der Jagd gute Dienste. Schäferhunde und Collies halten Schafherden zusammen und sind zudem aufmerksame Wächter für Haus und Hof, Windhunde werden für Rennwettbewerbe gezüchtet, Huskys ziehen in Polargebieten Schlitten – und Chow-Chows dienten in China früher als Fleischlieferanten.

Schäferhunde gelten als zuverlässige Hütehunde.

Säugetiere

Warum schnurren Katzen?

Diese Katze fühlt sich wohl.

Jeder kennt den Anblick einer Katze, die wohlig hingestreckt schnurrt. Dieses Schnurren ist einer der geheimnisvollsten Laute unserer Haustiere.

Das brummende Geräusch entsteht beim Ein- sowie beim Ausatmen. Nur Kleinkatzenarten können es erzeugen. Großkatzen wie Löwen schnurren gar nicht. Aber nicht nur zufriedene Katzen geben diesen wohligen Laut von sich. Manche Katzen schnurren nämlich auch dann, wenn sie Schmerzen haben oder sogar kurz vor ihrem Tod. Es könnte daher sein, dass Schnurren nicht nur Zufriedenheit ausdrückt, sondern dass die Katze damit beim Tierarzt oder bei ihrem Besitzer um Hilfe und Wohlwollen wirbt. Oder auch, dass sie sich selbst damit ein bisschen beruhigt – in Erinnerung an frohe Stunden ihrer Kindheit.

Warum vertragen sich Hunde und Katzen nicht?

Viele Menschen glauben, Hunde und Katzen seien sozusagen von Natur aus Feinde. Doch das ist Unsinn. Es gibt viele Beispiele von Tieren, die gemeinsam aufgewachsen sind und sich prächtig verstehen. Wenn Hund und Katze sich fremd sind und sich erstmals begegnen, gehen sie auch keineswegs aufeinander los. Ein Kampf bei einer Begegnung zwischen Hund und Katze kann auch

 Säugetiere

auf einem „sprachlichen Missverständnis" beruhen. Zunächst beschnüffeln sie sich vielleicht nur, der Hund zeigt seine friedlichen Absichten durch Schwanzwedeln an. Bei Katzen bedeutet ein peitschender Schwanz aber eine Angriffswarnung, also wird sie nun vielleicht fauchen, die Zähne zeigen und die Haare sträuben – und das ist natürlich für den Hund ein Hinweis auf einen bevorstehenden Angriff.

Warum leuchten Katzenaugen nachts?

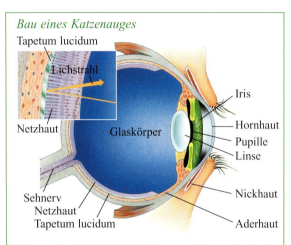
Bau eines Katzenauges

Eigentlich leuchten die Augen der Katzen gar nicht selbst. Sie werfen nur eingedrungenes Licht sehr gut wieder zurück. Hinter der Netzhaut, also der lichtempfindlichen Schicht des Auges, liegt bei Katzen nämlich ein glänzender Belag, das „Tapetum lucidum". Es reflektiert das Licht, so dass es nochmals die Netzhaut passiert und steigert so die Lichtempfindlichkeit des Katzenauges.

Katzenaugen sind mindestens sechsmal lichtempfindlicher als unsere Augen. Das nützt den Tieren, wenn sie in der Dunkelheit auf Jagd gehen. In einem stockdunklen Raum allerdings sieht auch eine Katze nichts mehr. Immerhin kann sie sich mit Hilfe ihrer Schnurrbarthaare und ihres Gehörs noch orientieren.

Die Katzenaugen haben sicher viel dazu beigetragen, dass Katzen in früheren Zeiten als Tiere des Teufels und der Hexen angesehen und verfolgt wurden. Die nächtlich im Lampenlicht aufblitzenden Augen erschreckten die Menschen, zudem erinnerten die schmalen Pupillenschlitze an Schlangenaugen – und die Schlange wurde ebenfalls als Teufelstier betrachtet.

Säugetiere

Sind Faultiere wirklich faul?

Faul sind Faultiere keineswegs. Sie leben vielmehr ganz gut nach dem Motto: Langsam, aber sicher. Ihre scheinbare Faulheit ist in Wirklichkeit eine Meisterleistung der Anpassung.

Die Faultiere ernähren sich von Blättern, die ihnen in ihrem Lebensraum in ungeheurer Menge zur Verfügung stehen – Tempo ist also unnötig. Aber sie müssen sich im amerikanischen Tropenwald vor Feinden schützen. Dazu hängen die bis zu 9 Kilogramm schweren Tiere mit dem Bauch nach oben an dünnen Zweigen, die kaum ein schwereres Tier tragen. Sie sind zudem mit ihrem grünlichen Fell ideal getarnt. Und durch ihre sehr gemächlichen Bewegungen fallen sie erst recht nicht auf.

Die meiste Zeit verschlafen sie sowieso; das können sie sich leisten, weil sie ihre Blattnahrung besonders gut verwerten und daher nicht so viel fressen müssen. Gefährlich ist nur der Abstieg vom Baum, der nötig ist, um auf dem Waldboden den Darm zu leeren. Weil aber auch ihre Verdauung recht gemächlich abläuft, müssen sie sich nur etwa ein Mal pro Woche hinabbemühen.

Warum haben Kamele Höcker?

Jedenfalls nicht, um darin Wasser aufzubewahren. Stattdessen wird darin Fett als Nahrungsvorrat gespeichert. Mit der Trockenheit der Wüste werden die Tiere auf andere Weise fertig. Sie können ohne Gefahr ihre Körper-

Dromedare haben nur einen Höcker.

 Säugetiere

temperatur tagsüber bis auf 41 Grad Celsius ansteigen lassen. Dadurch sparen sie viel Wasser, das sie sonst zum Schwitzen bräuchten, denn sie schwitzen erst, wenn die Temperatur noch mehr steigt.

Kamele können selbst mit Lasten beladen rund eine Woche ohne zu trinken durch die Wüste ziehen. Kommen sie allerdings an eine Wasserstelle, schlucken die Tiere in kurzer Zeit rund ein Drittel ihres Körpergewichts an Wasser. Umgerechnet müsste ein erwachsener Mensch über 20 Liter auf einmal trinken!

Es gibt Kamele mit einem und solche mit zwei Höckern. Die zweihöckrigen heißen auch Trampeltiere und kommen noch in kleiner Zahl wild lebend in der Mongolei vor. Das einhöckrige Kamel, das Dromedar, gibt es nur als Haustier in den Wüsten Asiens und Nordafrikas. Es gibt davon zwei Typen: Besonders kräftige als Lastenträger und besonders schnelle und ausdauernde als Reitkamele. Sie hängen in der Wüste auf Dauer jedes Pferd ab.

Sind Hirsche männliche Rehe?

Das glauben viele Menschen. Aber es ist ganz falsch: Reh und Rothirsch sind zwei verschiedene Tierarten. Allerdings sind sie miteinander verwandt und gehören beide zur großen Gruppe der Hirsche, ebenso wie Damhirsche, Rentiere und die größte Hirschart, der Elch.

Rothirsch

Mit Hörnern haben Geweihe nichts zu tun. Sie bestehen aus Knochen, während Hörner, etwa bei Rindern oder Antilopen, aus Hornsubstanz bestehen, also aus dem gleichen Stoff wie unsere Haare und Fingernägel.

Säugetiere

Hirsche sind erheblich größer als Rehe. In Deutschland sind sie die größten wild lebenden Säuger – ein Hirschbulle wird über 200 Kilogramm schwer, etwa so viel wie eine Kuh, und kann beim Angriff recht gefährlich werden. Rehe dagegen sind kaum schwerer als mittelgroße Hunde.

Auch der Lebensraum der beiden Arten unterscheidet sich. Die Hirschkühe ziehen, teils mit ihren Kälbern, in kleinen Rudeln durch den Wald, während der Hirschbulle mit seinem prächtigen Geweih als Einzelgänger allein umherstreift. Nur in der Paarungszeit im September sucht er die Gesellschaft der Weibchen, dann klingt sein tiefes Röhren durch den Wald.

Rehe dagegen sind keineswegs Waldtiere. Sie weiden allein oder in kleinen Gruppen auf Wiesen und Feldern. Den Wald nutzen sie als Versteck. Daher kann man oft Rehe beobachten, bekommt aber nur sehr selten einen wild lebenden Hirsch zu Gesicht.

Äsende Rehe

Wofür braucht der Hirsch ein Geweih?

Um den Hirschkühen zu imponieren. Die weiblichen Hirsche suchen sich daraufhin das prächtigste und gesündeste unter den Männchen zur Paarung heraus. Denn mit ihm haben sie die größte Chance, gesunde und kräftige Nachkommen zu bekommen. Und an der Größe des Geweihs erkennen sie den Gesundheitszustand des Männchens. Ein krankes oder schwaches Männchen könnte gar nicht die körperliche Leistung erbringen, in wenigen Monaten ein mächtiges Geweih zu bilden. Die Geweihe großer Rothirsche können vielfach verzweigt sein. Sie können 12 bis 14 Spitzen tragen, man nennt sie dann „14-Ender", und über 10 Kilogramm wiegen. Je älter ein Hirsch ist, desto größer ist meist sein Geweih. Der

 Säugetiere

Rekord liegt bei 66 Enden! Ein Geweih besteht aus Knochenmasse und ist von einer dünnen Haut überzogen. Im Frühjahr wirft der Hirsch das Geweih aus dem Vorjahr ab und bildet in den folgenden Monaten ein neues, größeres. Im August ist es voll entwickelt; die dünne Haut ist nun überflüssig und stirbt unter Jucken ab, weshalb der Hirsch sie an Bäumen abscheuert – das nennt man „Fegen".

Die weiblichen Rehe, die Ricken, tragen ebenso wenig ein Geweih wie die weiblichen Hirsche, die Hirschkühe. Rehböcke tragen ein kleines Geweih mit höchstens drei Spitzen an jedem Ast.

Hirsche bilden prächtige Geweihe aus.

Warum stinken Stinktiere?

An mangelnder Sauberkeit liegt es nicht, die in Nord- und Mittelamerika lebenden Stinktiere sind durchaus reinliche Tiere. Sie besitzen aber eine recht ungewöhnliche Waffe: eine ausgesprochen übel riechende Flüssigkeit. Sie wird in zwei Drüsen am After gebildet. Greift ein Feind das Stinktier an, droht es zunächst, indem es dem Angreifer die Rückseite zuwendet und den Schwanz emporreckt. Reicht das nicht, zeigt es die Zähne. Und erst, wenn der Feind dennoch nicht aufgibt, spritzt das Stinktier ihm ganz gezielt sein Stinksekret in dünnem Strahl ins Gesicht.

Säugetiere

Die Wirkung ist durchschlagend: Auf den Schleimhäuten erzeugt das Gift tagelangen brennenden Schmerz, in den Augen führt es vorübergehend zu Blindheit. Und der Gestank ist so intensiv, unangenehm und schwierig zu entfernen, dass das arme Opfer sich tagelang immer wieder übergeben muss und wochenlang übel riecht.

Die Waffe des Stinktiers ist fast im ganzen Tierreich gefürchtet und die auffällige schwarz-weiß-Färbung dient zusätzlich als Warnung für Angreifer. Daher hat das Stinktier außer dem Menschen kaum Feinde zu fürchten.

Sind Ponys Pferdekinder?

Ebenso wenig wie ein Dackel ein junger Schäferhund ist. Pferdekinder heißen Fohlen.
Ponys dagegen sind kleine Pferderassen. Sie sind näher mit den Wildpferden Europas und Asiens verwandt als die hochgezüchteten großen Reitpferde.

Meist lebten sie jahrtausendelang in kleinen Herden in der Wildnis, besonders in kühlen, kargen Gebieten, etwa in Gebirgsgegenden und Moorlandschaften. Besonders in Großbritannien und Irland konnten sich mehrere Ponyrassen wie Shetland-, Dartmoor-, Connemara- und Welsh-Ponys halten.

In Norwegen leben Fjordpferd und Nordländer; von letzteren stammen vermutlich die robusten und beliebten Islandponys ab. Sie wurden vor

 Säugetiere

etwa 1100 Jahren von Siedlern auf die Insel gebracht und seither dort rein gezüchtet – also ohne Beteiligung anderer Pferderassen. In den Steppengebieten Asiens lebt noch heute das einzige echte Wildpferd, das Przewalski-Pferd.

> Die Wildpferde Amerikas, die Mustangs, sind keine Ponys. Sie stammen von Reitpferden ab, die die Spanier einst über den Atlantik brachten. Die Pferde entflohen teilweise und überlebten in der Wildnis.

Was tragen Kängurus im Beutel?

Ihre Nachkommen. Kängurus gehören nämlich zu einer älteren Gruppe von Säugetieren, den „Beuteltieren", von denen heute nur noch in Australien und den benachbarten Inseln sowie in Südamerika einige Arten leben. Bei ihnen wird das Junge nach einigen Tagen geboren, wenn es noch sehr klein und schutzbedürftig ist. Immerhin kann es schon selbstständig in den Beutel klettern, den die Mutter am Bauch trägt. Dort findet es Zitzen, aus denen es fortan Milch saugt.

Beim Roten Riesenkänguru, das etwa so groß wie ein Mensch wird, ist das Junge kaum so groß wie eine Bohne, wenn es den Beutel bezieht. Dort bleibt es bis zu 235 Tage, danach zieht es noch längere Zeit an der Seite der Mutter umher.

Inzwischen wächst in der Mutter schon ein neues Kängurujunges heran, das den Beutel bezieht, kaum dass er leer ist. Eine Kängurumutter hat also meist gleichzeitig drei Junge in ganz unterschiedlichem Alter zu betreuen.

Löwen gehören zu den Fleischfressern.

Sind Raubtiere böse?

Wölfe, Löwen, Tiger, Adler, Haie, Schlangen und andere Fleisch fressende Tiere werden manchmal in Märchen als „blutrünstig" und „böse" dargestellt. Doch diese Tiere sind von Natur aus auf Fleischnahrung spezialisiert – ihr Verdauungssystem käme mit Pflanzen gar nicht zurecht. Da Tiere ihr Verhalten nicht wie Menschen abschätzen können, kann man ihre Lebensweise nicht in „Gut" und „Böse" einteilen. Fleisch fressende Tiere sollte man daher lieber als „Beutegreifer" statt als „Raubtier" bezeichnen.

Der schlechte Ruf vieler Beutegreifer beim Menschen hat einfache Gründe: Manche jagen die gleiche Nahrung wie wir und werden daher als Konkurrenten betrachtet. Außerdem haben sich früher manche Beutegreifer wie Wolf, Fuchs, Tiger und Bär an den Haustieren vergriffen und bisweilen sogar Menschen getötet. Daher wurden sie erbarmungslos gejagt und sind heute selten geworden.

Andererseits haben Beutegreifer meist bessere Sinnesorgane und sind intelligenter als Pflanzenfresser. Das hat sich der Mensch zunutze gemacht und einige Arten gezähmt. Der Hund stammt zum Beispiel vom Wolf ab, und auch die Katze ist immer noch ein kleines Raubtier.

Zu den Fleischfressern gehört bekanntlich auch der Mensch. Nur dass wir unsere „Beute" heute meist aus der Tiefkühltruhe greifen. Gejagt wird mithilfe von Gewehren, und oft genug keineswegs aus Hunger, sondern aus Freude am Jagen. Wir haben also keinerlei Grund, auf die „Raubtiere" herabzusehen.

 Säugetiere

Warum kauen Kühe den ganzen Tag?

Kühe sind Wiederkäuer.

Den ganzen Tag ist ihr Maul in Bewegung. Selbst wenn sie nicht gerade weiden, liegen sie behäbig da und mampfen: Sie „käuen wieder". Dafür haben sie einen guten Grund: Sie fressen Gras und Stroh, und das ist eine ziemlich nährstoffarme Nahrung. Um die Nahrung gut zu verwerten, ist das Verdauungssystem der Kühe ideal angepasst: Es besteht aus vier Mägen. Frisst eine Kuh, wandert das grob zermahlene Futter zunächst in den ersten Magen, den großen „Pansen". Beim Wiederkäuen befördert die Kuh den Grasbrei dann portionsweise ins Maul zurück, zermahlt ihn noch einmal gründlich und schluckt ihn wieder herunter. Nun gelangt er in den Netz- und den Blättermagen, dann in den Labmagen und von dort aus in den Darm.

Die Rinder können das schwer verdauliche Gras nur durch stille Helfer verwerten. Sie beherbergen in ihren Mägen Bakterien und andere winzige Lebewesen. Und die sind es, die das Gras chemisch zersetzen und selbst den sonst unverdaulichen Pflanzenbaustoff Cellulose aufschließen und für die Weiterverdauung aufbereiten.

Den Trick beherrschen nicht nur die Rinder. Zu den Wiederkäuern gehören auch Schafe, Ziegen, Hirsche, Kamele, Giraffen, Antilopen und Kängurus sowie erstaunlicherweise ein Vogel, der südamerikanische Hoatzin (Schopfhuhn).

Vögel

Sie sind aus unserer Natur nicht wegzudenken, die gefiederten Flieger. Wenn ihr schöner Gesang verstummt, fehlt etwas Wichtiges. Wir bewundern ihre wendigen Flugmanöver und ihr oft buntes Federkleid. Kaum zu glauben, aber wahr: Ihre Vorfahren waren Dinosaurier.

Warum haben Vögel Federn?

Jedenfalls nicht nur zum Fliegen. Denn auch flugunfähige Vögel wie Pinguin und Strauß besitzen ein Gefieder. Und außerdem weiß man, dass die ersten vogelartigen Wesen vor rund 150 Millionen Jahren bereits Federn besaßen, ohne dass sie fliegen konnten. Wahrscheinlich trugen sogar manche Dinosaurier bereits ein Federkleid, zumindest ihre Jungen.

Heute besitzen nur Vögel Federn. Entwickelt haben sie sich aus den Schuppen der Reptilien. Diese faserten immer mehr auf und schlossen Lufttaschen ein. Vorteil: Damit schützen sie den Körper vor Wärmeverlust. Das ist nötig, denn Vögel besitzen, ähnlich wie wir, eine stets gleich hohe Körpertemperatur von etwa 40 Grad Celsius. Erst später nutzten die Vögel dann ihr Federkleid zur Eroberung der Luft.

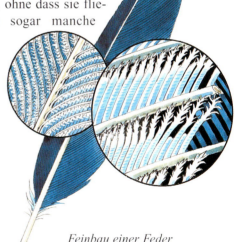

Feinbau einer Feder

Dank eines dünnen Fettfilms ist das Gefieder wasserdicht, daher wirkt es bei Wasservögeln wie Enten und Schwänen wie ein Schwimmring. Außerdem tarnen sich viele Vögel mit ihrem Gefieder. Andere nutzen lebhafte Färbungen, damit sich die Geschlechtspartner leicht erkennen.

Wenn man eine Feder unter der Lupe betrachtet, erkennt man ihren erstaunlichen Aufbau aus dünnen und dicken Ästen, die mit Häkchen ineinander greifen und so Leichtigkeit mit hoher Festigkeit verbinden.

 Vögel

Vögel müssen viel Zeit aufwenden, um ihr Gefieder zu pflegen. Manche baden in Wasser oder Sand, um es zu säubern, und ziehen dann jede Feder durch den Schnabel, um sie zu glätten und um Fremdkörper und sich einnistende Kleintiere zu entfernen. Außerdem verteilen sie Öl aus der Bürzeldrüse am Schwanz übers Gefieder.

Warum singen Vögel?

Sie wollen damit anderen Mitgliedern ihrer Art Botschaften übermitteln. Nach unserem Geschmack können längst nicht alle Vogelarten schön singen – viele geben nur krächzende Laute oder Rufe von sich. Das gilt selbst für die eigentlichen Singvögel – zu dieser Gruppe werden rund die Hälfte aller bekannten Vögel gezählt.

Amseln haben einen flötenden Gesang.

Die Art der Botschaften, die die Vögel über den Gesang vermitteln wollen, ist recht unterschiedlich, und viele Vögel verfügen über eine Vielzahl unterschiedlicher Laute. Männchen, die an einem hohen Platz sitzen und singen, wollen damit meist ihr Revier gegen andere Männchen markieren und gleichzeitig Weibchen anlocken. Bei Arten, die sich äußerlich sehr gleichen, dient unterschiedlicher Gesang dazu, dass die richtigen Geschlechtspartner zusammenfinden.

Leises Ziepen der Jungen im Nest heißt natürlich „Ich habe Hunger, füttere mich!". Kurze, scharfe Laute sind sehr schwer zu orten. Solche Warnrufe geben viele Vogelarten ab, wenn sie einen Feind sehen. Oft nutzen sie sogar unterschiedliche Laute für Feinde in der Luft oder am Boden wie zum Beispiel für Greifvögel, Katzen oder Füchse.

Vögel

Wo liegt der Geschwindigkeitsrekord bei Vögeln?

Kaum zu glauben: Der Wanderfalke erreicht im Sturzflug angeblich bis zu 350 Stundenkilometer, fast doppelt so schnell wie die meisten Autos! Mauersegler schießen mit ihren schmalen, sichelförmigen Flügeln mit über 180 Stundenkilometer durch die Luft. Eine Brieftaube mit Rückenwind kam sogar auf über 170 Stundenkilometer. Storch und Spatz ziehen dagegen mit rund 45 Kilometern pro Stunde durch die Lüfte.

Die größte bekannte Flughöhe erreichte 1973 ein afrikanischer Rüppell-Geier. Er kollidierte in 11 277 Metern Höhe mit einem Verkehrsflugzeug; nur deshalb kennt man seine Flughöhe. Dort oben herrschen Temperaturen weit unter Null Grad Celsius, und die Luft ist so dünn, dass kein Mensch dort überleben könnte. Der höchste Berg der Erde, der Mount Everest, ist nur knapp 8 900 Meter hoch.

Wie groß können Vögel werden?

Riesig. Wenn wir eine Amsel oder auch einen Mäusebussard beobachten, können wir uns kaum vorstellen, dass sie sehr viel größere Verwandte haben. Zu den größten heute lebenden Arten gehört der elegante Albatros, der eine Flügelspannweite von mehr als 3,50 Meter besitzt und damit stundenlang segeln kann. Ein Riese der Luft ist der größte fliegende Vogel, der Kondor der südamerikanischen Anden, ein Geier, der bis zu 12 Kilogramm wiegt. Der Hahn unserer heimischen Großtrappe kann sogar ein Gewicht von über 20 Kilogramm erreichen und ist mit seinen

2,40 Meter Flügelspannweite immer noch flugfähig. In früheren Zeiten gab es noch weit größere Vögel, etwa eine amerikanische Geierart, die rund 120 Kilogramm wog und über 7 Meter Spannweite hatte.

Der Kondor erreicht eine Flügelspannweite von über 3 Metern.

Sehr viel größer und schwerer sind die flugunfähigen Vögel. Strauße zum Beispiel werden 150 Kilogramm schwer – sie können zwar nicht fliegen, dafür aber rasch und ausdauernd laufen.

Schlafen Vögel nachts?

Die meisten. Manche schlafen allerdings lieber tagsüber und gehen nachts auf Jagd wie Eulen und der Waldkauz. Meist verstecken sie sich zum Schlafen im dichten Gebüsch, in Baumhöhlen oder in anderen Schlupfwinkeln, plustern ihr Gefieder auf, um sich warm zu halten, und stecken eventuell ihren Kopf zwischen die Federn. Albatrosse und andere Seevögel dagegen lassen sich auf dem Meer nieder und schlafen dort.

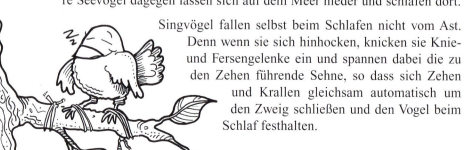

Singvögel fallen selbst beim Schlafen nicht vom Ast. Denn wenn sie sich hinhocken, knicken sie Knie- und Fersengelenke ein und spannen dabei die zu den Zehen führende Sehne, so dass sich Zehen und Krallen gleichsam automatisch um den Zweig schließen und den Vogel beim Schlaf festhalten.

Vögel

Der Mauersegler schläft sogar im Fliegen. Wenn er nicht gerade brütet, bleibt er viele Tage lang ständig in der Luft. Dort ernährt er sich im Flug von Insekten. Zum Trinken streicht er übers Wasser und taucht nur den Schnabel ein. Und ist er müde, nickt er hoch in der Luft ein und lässt sich dabei von der Luftströmung weitertragen.

Warum hat der Pfau Augen am Gefieder?

Weder zum Sehen – denn es sind nur augenartige Farbflecken, noch um Feinde zu erschrecken – wie bei der Schmetterlinsart Tagpfauenauge. Das Pfauenmännchen trägt sein prächtiges Hinterrückengefieder mit über 100 Augen vielmehr, um dem Weibchen zu imponieren. Es schlägt sein Rad aus diesen großen Federn nur beim Balztanz. Die Hennen selbst sind recht unscheinbar.

Es ist bei Pfauen wie bei vielen anderen Tieren: Nicht das Männchen sucht sich ein Weibchen, sondern umgekehrt. Die Pfauenhennen wählen stets die Hähne mit den schönsten und meisten Augenfedern. Denn bei ihnen können sie sicher sein, dass die Männchen gesund und kräftig sind und daher auch besonders lebensfähige Nachkommen versprechen.

Balzender Pfau

Nicht nur auf Pfauenhennen, sondern auch auf Menschen macht der Pfau mit seinem Federrad tiefen Eindruck. Er wurde aus seiner Heimat Indien bis in den Mittelmeerraum und nach China exportiert. Manche Völker verehrten ihn sogar religiös, bei anderen galt er allerdings als Symbol der Eitelkeit.

 Vögel

Bauen alle Vögel Nester?

Die meisten Vogelarten bauen sich Nester, aber nicht, um darin zu wohnen oder zu schlafen, sondern allein als Kinderstube. Die Vogelnester schützen die Eier und die Jungen vor Feinden, weil sie meist gut versteckt sind, und bewahren die Brutwärme der Eltern.

Manche Arten legen ihre Eier aber direkt auf den Untergrund – der Ziegenmelker zum Beispiel auf den Waldboden, Möwen und Seeschwalben in eine Bodenmulde. Der antarktische Kaiserpinguin trägt sein Ei in einer Hautfalte auf den Füßen, und der Kuckuck nutzt das Nest anderer Vögel.

Fast alle Nester bestehen aus pflanzlichem Material, zum Beispiel aus Zweigen und Grashalmen. Bei manchen Vogelarten baut das Männchen ein Nest und lockt damit ein Weibchen an. Bei anderen, etwa unseren Amseln, baut das Weibchen den Nistplatz. Und bei Raben, Schwalben, Störchen und vielen anderen Arten arbeiten beide Eltern gemeinsam. Meist bebrüten sie auch abwechselnd beide die Eier, um sie warm zu halten, bis die Jungen ausschlüpfen.

Höckerschwannest im Schilf

Hängendes Nest einer Beutelmeise

Manche Arten haben recht ungewöhnliche Nestbaukünste entwickelt. Der in Asien lebende Schneidervogel kann zum Beispiel nähen. Er sucht sich große Blätter, sticht Löcher in die Ränder und näht sie mit biegsamen Halmen zusammen. In die entstandene Tasche baut er sein Nest.

Rauchschwalben bauen ihr Nest aus Lehm.

Warum erfrieren Enten auf Eis nicht die Füße?

Weil die Füße, dank eines genialen Tricks der Natur, kalt sind. Wären die Entenfüße nämlich warm wie unsere, würden sie das Eis schmelzen und, wenn es draußen kalt genug ist, am Eis festfrieren.

Vögel haben eine Körpertemperatur von etwa 40 Grad Celsius, und die halten sie durch ihr Federkleid auch bei sehr kaltem Wetter. Das in die Beine fließende warme Blut durchläuft zunächst ein spezielles Netz aus Blutadern und strömt dabei ganz nahe an dem kalten Blut vorbei, das von den Füßen aufwärts zum Körper strömt. Dieses kalte Blut wärmt sich dabei auf, während sich das hinunterströmende Blut abkühlt. Auf diese Weise nimmt die Temperatur entlang der Beine rasch ab und erreicht an den Füßen 0 Grad Celsius. Und der Vogelkörper verliert über Beine und Füße nur sehr wenig von der kostbaren Wärme.

Eine ganz ähnliche Einrichtung besitzen auch Schlittenhunde, deren Sohlen gleichfalls nur 0 Grad kalt sind, sowie Karibus und Eisfüchse – andernfalls könnten sie gar nicht in der Arktis überleben. Wir Menschen dürften nicht versuchen, längere Zeit barfuß auf Eis zu stehen – unsere Füße würden bald erfrieren.

 Vögel

Warum fliegen viele Vögel im Winter fort?

Nicht etwa, weil es ihnen hier zu kalt wäre. Gegen Kälte können sich Vögel mit ihrem Gefieder gut schützen. Aber viele Arten finden bei uns im Winter nicht genügend Nahrung – das gilt besonders für Arten, die fliegende Insekten fressen. Vor allem aber haben Vögel, weil sie über weite Strecken fliegen können, einen Vorteil: Sie können Gebiete nutzen, die nur im Sommer ein großes Angebot an Nahrung bieten. Dort brüten sie und fliegen dann wieder weg. So entgehen sie der Nahrungskonkurrenz unter den vielen Vogelarten der warmen Gebiete. Vielleicht sind also zum Beispiel Schwalben gar nicht bei uns zu Hause. Sie kommen nur als Sommergäste, um ihre Jungen mit den reichlich vorhandenen Insekten großzuziehen.

Übrigens pendeln längst nicht alle Arten wie Weißstorch und Schwalben in Nord-Süd-Richtung zwischen Südafrika und Europa. Wanderlaubsänger kommen aus Südostasien zu uns, andere Arten wie der Zwergschnäpper aus Indien. Eine Landkarte mit den Zugrouten aller Vögel ist also bunt und ziemlich verwirrend.

Die Leistungen der Vögel beim Vogelzug sind erstaunlich. Von Südafrika bis Europa sind 8000 bis 10000 Kilometer zurückzulegen. Das bedeutet für die Federbällchen über 100 Stunden Flug, wenn auch mit Zwischenstopps. Immerhin müssen Bachstelzen beim Überqueren der Sahara 40 Stunden ununterbrochen in der Luft bleiben. Das schaffen sie nur, weil sie sich vorher eine ordentliche Fettreserve angefressen haben.

Warum haben Eulen so große Augen?

Weil sie in der Dämmerung jagen. Die großen Augen erlauben einen großen Lichteinfall und sind daher viel lichtempfindlicher als die kleineren Augen von tagaktiven Vögeln ähnlicher Größe. Ein Eulenauge zum Beispiel ist etwa hundertmal so empfindlich wie das einer Taube.

Vögel

Es ist übrigens nicht wahr, dass Eulen wegen ihrer guten Nachtsicht tagsüber nichts sehen könnten. Sie haben im Hellen ähnlich gute Sehfähigkeiten wie andere Vögel.

Wenn es zu dunkel ist, reicht auch die Empfindlichkeit der Eulenaugen nicht mehr. Dann setzt die Eule ihr außergewöhnliches Gehör ein. Sie kann damit selbst das feinste Geräusch einer Maus wahrnehmen und exakt darauf zufliegen. Die eigenartig gestalteten Federn ihres Gesichts helfen ihr dabei und leiten den Schall zu den Ohren.

Uhu

Warum bekommen Spechte keine Kopfschmerzen?

Weil ihr Schnabel und ihre inneren Organe, besonders das Gehirn, mit stoßdämpferartigen Einrichtungen speziell gesichert sind. Andernfalls würden sie das Trommelfeuer der rund 10 000 Meißelschläge pro Tag nicht überleben.

So aber haben sich die Spechte eine spezielle Nahrungsquelle erschlossen, an die andere Tiere nicht herankommen: die vielen Insekten und Insektenlarven, die sich in und unter der Rinde der Bäume verstecken. Sie hämmern sich selbst durch hartes Holz an sie heran und fischen die Insekten dann mithilfe ihrer langen, beweglichen Zunge aus den Höhlen. Außerdem meißeln sich Spechte auch Nüsse und Zapfen auf.

Klar, dass Spechte ihre spezielle Technik auch nutzen, um einen Partner zu finden. Mithilfe spezieller Trommel- und Klopfsignale, kombiniert mit Rufen und besonderen Körperbewegungen, markiert jedes Spechtmännchen ein Revier, vertreibt etwaige Konkurrenten und überzeugt ein Weibchen von seinen Fähigkeiten.

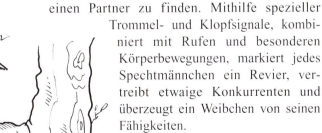

Reptilien und Amphibien

Schlangen sind vielen Menschen nicht geheuer. Gerade ihre seltsam schlängelnde Bewegung und das Fehlen der Beine erregt vielfach Furcht. Dazu kommen der starre Blick, der glatte Körper und der Gedanke an Giftschlangen. Fröschen hingegen wird viel Sympathie entgegengebracht – sei es als Wetterfrosch oder im Märchen als Froschkönig, den sogar eine Prinzessin küsst.

Was ist der Unterschied zwischen Reptilien und Amphibien?

Gemeinsam haben beide Tiergruppen, dass sie „wechselwarm" sind, also ihre Körpertemperatur der Umgebungswärme anpassen. Unterschiedlich ist aber die Umgebung, in der sie jeweils leben und in der die Jungen aufwachsen.

Amphibien – auch „Lurche" genannt – sind viel mehr auf Wasser angewiesen als Reptilien. Sie sind eine ursprüngliche Tiergruppe und haben sich vor über 400 Millionen Jahren entwickelt – in der Zeit, als Lebewesen aus dem Meer das Land eroberten. Ihre Eier haben daher nur dünne, weiche Häute und sind empfindlich gegen Austrocknen. Sie durchlaufen während ihres Lebens einen Gestaltwandel. Kaulquappen zum Beispiel, die Jugendformen der Frösche und Kröten, leben im Süßwasser und atmen mit Kiemen wie Fische. Die ausgewachsenen Frösche dagegen sind Landtiere und atmen mithilfe von

Reptilien und Amphibien

Lungen, auch wenn viele Arten in der Nähe des Wassers bleiben. Allerdings gibt es auch Amphibien, etwa die Molche und Unken, deren Hauptlebensraum das Wasser bleibt.

Zu den Reptilien – auch „Kriechtiere" genannt – gehören Schlangen, Eidechsen, Schildkröten und Krokodile. Sie haben sich für ihre Fortpflanzung von Teichen und Seen unabhängig gemacht – auch wenn manche Arten Flüsse oder das Meer als Lebensraum schätzen. Sie sind daher als Tiergruppe jünger als die Amphibien und besser an das Landleben angepasst. Die meisten Reptilien legen hartschalige Eier, die gegen Austrocknen geschützt sind. Ihre Haut ist trocken und verhindert Wasserverlust. Meist bedecken feine Schuppen den gesamten Körper.

Die Reptilien sind die direkten Vorfahren aller höheren Tiere. Aus ihnen entwickelten sich Dinosaurier, Flugsaurier und Fischsaurier sowie Säugetiere wie der Mensch. Und auch die Vögel entstammen letztlich der Tiergruppe der Reptilien. Haare und Federn sind eigentlich umgebildete Reptilienschuppen.

Warum quaken Frösche?

Das Quaken ist eine Art tönende Heiratsanzeige. Mit ihren Rufen wollen nämlich die Männchen paarungswillige Weibchen anlocken. Außerdem teilen sie damit anderen Männchen auch gleich mit, dass das Revier schon besetzt ist. Sie erzeugen die Rufe mit Stimmbändern in der Kehle. Damit sie weithin hörbar sind, verstärken sie sie dann aber mit Schallblasen, also sehr dünnhäutigen, dehnbaren, luftgefüllten Hautsäcken. Bei manchen Fröschen liegen sie an beiden Seiten des Mundes, andere Arten blasen ihre Kehle zu einem großen Kehlsack auf.

Jede Art der Frösche und Kröten besitzt eigene Rufe, mit denen sie sich von anderen Arten unterscheidet. Nur die Laute

Frosch mit Kehlsack

Reptilien und Amphibien

unserer Frösche kann man als Quaken bezeichnen. Unken zum Beispiel erzeugen ein glockentonartiges „Uuu–Uuu", während die Wechselkröte ein Trillern von sich gibt. Bei manchen tropischen Arten ist das Rufen so laut, dass man am Teich sein eigenes Wort nicht mehr versteht. Die Rufe sind noch über einen Kilometer weit zu hören und führen so auch über Land streifende Tiere zuverlässig zu einem geeigneten Gewässer.

Warum verändern Chamäleons ihre Farbe?

Meistens, um sich besser zu tarnen. Sie passen ihre Körperfarbe an die Umgebung an. Außerdem scheinen auch Temperatur und der Gemütszustand eine gewisse Rolle zu spielen – durch lebhaftere Farben versuchen manche Männchen, andere Männchen zu beeindrucken.

Chamäleon beim Beutefang

Die Farben, es sind meist verschiedene Gelb-, Grün- und Brauntöne, stammen von Farbteilchen in besonderen Zellen innerhalb der Haut. Das Tier kann sie relativ rasch bewegen, sie zum Beispiel dichter zusammenrücken oder auseinander ziehen, sie in tiefere Hautschichten oder zur Oberfläche wandern lassen. Auf diese Weise beeinflusst das Chamäleon seine Körperfärbung.

Chamäleons bewegen sich extrem langsam und gut getarnt, dennoch sind sie geschickte Jäger, die Insekten und Spinnen erbeuten. Sie bewegen ihre Augen unabhängig voneinander und beobachten ständig ihre Umgebung. Und sie können ihre Zunge im Bruchteil einer Sekunde herausschleudern und mit der klebrigen Spitze zielgenau ein Beutetier treffen und ins Maul ziehen.

Reptilien und Amphibien

Wie giftig sind Schlangen?

Zwar sind von den rund 2500 bekannten Schlangenarten weltweit nur rund 400 giftig, aber die töten weit über 30 000 Menschen pro Jahr. Allerdings greifen Giftschlangen kaum Menschen an. Sie beißen nur, um Beute zu überwältigen oder um sich zu verteidigen, und als Beute ist der Mensch für jede Giftschlange viel zu groß. Meist verstecken sie sich, wenn ein Mensch naht, oder sie warnen durch Aufrichten, Zischen oder Geräusche – die amerikanische Klapperschlange klappert zum Beispiel mit Hornstückchen an ihrem Schwanz.

Grüne Baumpython

Schlangengift lähmt und tötet das Opfer, so dass die Schlange es in Ruhe fressen kann. Außerdem hilft es bei der Verdauung der Beute. Gebildet wird es in Drüsen im Schlangenkopf, und durch hohle Giftzähne in den Körper des Opfers gespritzt. Nur die Speikobra spuckt ihr Gift einem Angreifer aus einigen Metern Entfernung ins Gesicht. Das Gift führt zu Augenentzündungen und zeitweiser Blindheit.

> In Mitteleuropa ist die Gefahr eines Schlangenbisses sehr klein. Unsere heimische Kreuzotter ist selten geworden und eher scheu. Ihr Biss führt selten zum Tod. Gefährlicher ist die Sandotter, die in Süddeutschland, Österreich und Balkanländern vorkommt. Wird man gebissen, sollte man ruhig liegen bleiben, sich nicht zu sehr bewegen und den Arzt holen lassen.

Warum steckt eine Schlange oft die Zunge heraus?

Es klingt erstaunlich, ist aber wahr: Weil sie mithilfe der Zunge riecht. Schlangen können nicht besonders gut sehen. So stecken sie ihre gegabelte Zunge heraus und nehmen damit feinste Duftspuren aus der Luft auf. Man nennt das „züngeln". Dabei stecken sie die Zungenspitzen in ein besonderes Organ am Gaumendach, das „Jacobson´sche Organ".

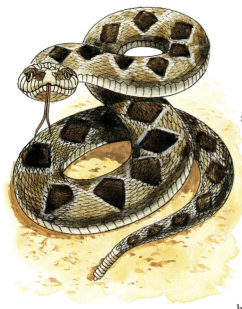

Rauten-Klapperschlange

Es untersucht die Düfte, ähnlich wie unsere Riechzellen in der Nase.

Durch Züngeln nehmen Schlangen ihre Beute wahr, spüren Wasserstellen auf und finden Geschlechtspartner. Sie können sogar feststellen, aus welcher Richtung ein Duft kommt, und so ein Beutetier aufspüren.

Manche Schlangen, die Familie der „Grubenottern", haben ein besonderes Sinnesorgan für die Wärmeabstrahlung eines Beutetiers. Sie können dieses für uns unsichtbare infrarote Licht mithilfe einer kleinen Grube am Kopf wahrnehmen. Diese Grube enthält sehr viele Nerven und kann winzige Temperaturunterschiede, kleiner als ein hundertstel Grad Celsius, erkennen. Damit „sieht" die Schlange eine Maus selbst in völliger Dunkelheit. Das bekannteste Mitglied dieser Familie ist die Klapperschlange.

Ähnlich wie Insekten können Reptilien nur wachsen, indem sie sich häuten. Sie bilden unter der alten Haut eine neue und streifen dann die alte Haut ab. Während Echsen die Haut in Streifen abscheuern, geht sie bei Schlangen als ganzer Hautschlauch ab – das „Schlangenhemd".

Sind Blindschleichen wirklich blind?

Der Name der Schleiche kommt gar nicht von „blind", sondern von „Blende" – so nennt man manche Metallerze, die ebenso glänzen wie die Haut der Blindschleiche. Vielleicht hielt man früher auch das Tier wegen seiner langsamen Bewegungen für blind. Es kann aber recht gut sehen.

Reptilien und Amphibien

Obwohl Blindschleichen keine Beine haben, sind sie keine Schlangen, und schon gar nicht giftig. Sie sind beinlose Eidechsen. Das erkennt man an anderen Merkmalen ihres Körpers, zum Beispiel an den Augen. Im Gegensatz zu den Schlangen, die fest geschlossene, aber durchsichtige Augenlider besitzen, können Blindschleichen ihre Augenlider wie wir auf- und zuklappen. Sie gehen vor allem nachts auf Jagd und suchen sich Regenwürmer und Schnecken. Weil Blindschleichen selten geworden sind, stehen sie unter Naturschutz. Du solltest ihnen also auf keinen Fall etwas tun und sie auch vor Leuten schützen, die sie für gefährlich halten und töten wollen.

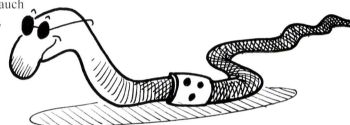

Können Laubfrösche das Wetter vorhersagen?

In freier Natur ja. Denn Laubfrösche verkriechen sich bei schlechtem Wetter gerne am Boden in Verstecken, während sie bei gutem Wetter in Büschen hinaufklettern und sich oben sonnen. Offenbar spüren sie Wetteränderungen auch schon kurz vorher und richten sich darauf ein.

In einem Zimmerterrarium aber ändern sie ihr Verhalten und sind dann als Wetteranzeiger wertlos – ein Barometer kann diesen Dienst einfacher und billiger versehen. Außerdem ist es Tierquälerei, einen Frosch in ein kleines Gefäß zu sperren – und weil unsere Laubfrösche heute selten sind und unter Naturschutz stehen, ist es zudem verboten.

Laubfrosch

Insekten

Sie sind die wahren Herrscher der Erde, jedenfalls wenn man die Zahl der Arten betrachtet. Es gibt viele Millionen Insekten – wie viele, weiß niemand genau, und nur ein Bruchteil ist bisher überhaupt bekannt. Es lohnt sich also, die faszinierende Welt der Ameisen, Bienen, Fliegen, Libellen, Falter, Käfer, Blattläuse und all der anderen Arten zu erforschen.

Wie kann man Insekten von anderen Tieren unterscheiden?

Zähle einfach die Beine. Kommst du auf sechs, ist es ein Insekt. Auch sonst unterscheiden sich Insekten deutlich von Säugetieren, Vögeln und vielen anderen Tiergruppen. Sie besitzen keine Wirbelsäule, ja überhaupt keine Knochen und kein Innenskelett. Stattdessen ist ihr Körper von einer festen Hülle umgeben. Sie besteht aus dem Stoff Chitin, der gleichzeitig sehr zäh und robust, wasserfest und dennoch leicht ist.

Bei allen ausgewachsenen Insekten ist der Körper in drei Abschnitte unterteilt, die bei manchen Arten durch schmale Übergänge verbunden sind: Kopf, Brust und Bauch. Diesen „Kerben" verdanken Insekten ihren deutschen Namen Kerbtiere. Bei Wespen – daher der Begriff „Wespentaille" – und Ameisen ist das gut zu erkennen. Die drei Beinpaare sitzen stets an der Brust.

Honigbiene

Ungewöhnlich sind die Augen der Insekten. Meist sind es große rundliche Flächen vorn am Kopf, die völlig anders konstruiert sind als unsere Augen. Sie sind unbeweglich, aber sie bestehen aus oft Hunderten von winzigen Einzelaugen, die jeweils starr nur in eine Richtung blicken. Man nennt sie „Facettenaugen". Sie liefern längst kein so scharfes Bild wie unsere Augen, dafür können sie sehr schnelle Bewegungen noch gut wahrnehmen – deswegen sind Fliegen auch so schwer zu fangen.

Auf einem Ameisenhaufen kribbelt und wimmelt es nur so vor Insekten. Wie zählt man die Ameisen, die auf einem solchen Haufen krabbeln? Ganz einfach: Beine zählen und durch 6 teilen...

Wie viele Insektenarten gibt es?

Das weiß niemand genau. Zurzeit haben die Wissenschaftler schon über 2 Millionen Arten untersucht und mit Namen versehen. Das ist schon jetzt viel mehr als bei jeder anderen Tiergruppe, aber es werden immer noch täglich mehr. Es gibt ganze Lebensräume, die von bisher unentdeckten Insekten wimmeln, etwa im tropischen Regenwald. Dort findet man fast auf jedem Baum neue Arten. Daher schätzen manche Biologen die Gesamtzahl auf über 30 Millionen Arten.

Doch die Forscher kommen mit dem Untersuchen dieser Insekten gar nicht nach, und es kann passieren, dass mit der Zerstörung des Regenwalds viele Insekten – wie auch andere Tiere und Pflanzen – aussterben, bevor wir sie auch nur gesehen haben. Und was weiß man schon, wenn man ein Foto und einen Namen hat, über die speziellen Überlebenstricks gerade dieser Art? Die Insektenvielfalt der Erde bietet also noch für Jahrhunderte genügend Arten zum Forschen.

 Insekten

Warum sehen Raupen anders aus als Falter?

Eigelege

Junge Raupen

Raupe im Endstadium

Verpuppte Raupe

Weil viele Insektenarten einen tollen Überlebenstrick nutzen. Die Jugendformen sehen ganz anders aus als die Erwachsenen. Oft leben sie auch in verschiedenen Umgebungen.

Bananenfalter zum Beispiel, die in unserer Fotoreihe zu sehen sind, legen ihre Eier an die Blätter und Früchte von Bananen. Aus den Eiern schlüpfen die Raupen. Sie knabbern nun wochenlang an den Blättern. Flügel sind dafür nicht nötig.

Nach einigen Wochen haben sie sich genügend Vorräte angespeichert. Nun ziehen sich die Raupen einige Tage in eine feste Hülle zurück, unauffällig im Blattgewirr der Nesseln versteckt. Man nennt sie „Puppe". Der gesamte Körper der Raupe löst sich auf, dafür formt sich der völlig neue und anders gebaute Körper des Falters.

Ist er fertig, platzt die Puppenhülle auf, und der Falter windet sich ins Freie, lässt seine Flügel trocknen und fliegt davon in ein neues Leben.

Dieses Falterleben hat mit dem Raupendasein nichts zu tun. Der Falter frisst gar nichts mehr, sondern saugt nur süßen Nektar aus Blüten. Ansonsten widmet er sein Leben nun der Suche nach einem Geschlechtspartner. Flügel, gute Augen und andere feine Sinnesorgane in den Fühlern helfen, dass die Partner zusammenfinden. Schließlich legt das Weibchen seine Eier auf eine Bananenpflanze, um ihren Nachkommen einen guten Start ins Leben zu verschaffen, und stirbt.

Insekten

Geschlüpfter Bananenfalter

Weil Insekten von ihrer starren Chitin-Hülle umgeben sind, können sie nicht einfach wachsen. Stattdessen müssen sie sich „häuten": Sie bilden unter der alten Chitinhaut eine neue, die anfangs noch weich und dehnbar ist. Dann reißen sie die alte, zu klein gewordene Hülle auf, schlüpfen hinaus und blasen sich auf, bis ihre neue Hülle fest geworden ist.

Können Insekten riesengroß werden?

In Horrorfilmen bedrohen Riesenameisen und andere Mega-Insekten Menschen und ganze Städte. Aber da sind sie aus Plastik oder nur im Computer erzeugt. In Wirklichkeit sind Rieseninsekten unmöglich. Und zwar aus sehr gutem Grund: Sie bekämen nicht genug Luft.

In unserem Körper arbeitet die Lunge wie eine Luftpumpe, die Luft einsaugt und ans Blut weiterleitet. Das Blut transportiert den Luftsauerstoff dann zu allen Organen.

Auch Insekten besitzen eine Art Blut, das den gesamten Körper ausfüllt. Nur transportiert es keinen Sauerstoff. Dafür enthält der Insektenkörper ein Netz feinster, luftgefüllter Röhrchen, die Tracheen. Sie führen von Löchern in der Körperaußenwand nach innen, verzweigen sich vielfach und erreichen jeden Körperteil. Eine Luftpumpe aber gibt es nicht – die Luft muss von selbst in die Tracheen sickern. Das funktioniert nur, wenn die Wege kurz sind. Deshalb können Insekten auch nicht allzu groß werden. Das schwerste lebende Insekt – der Goliathkäfer – wird etwa so groß wie ein kleiner Apfel.

 Insekten

Was sind Glühwürmchen?

Gar keine Würmer, sondern Leuchtkäfer. Davon gibt es weltweit etwa 2000 Arten. Sie haben eine „Erfindung" gemacht, um die sogar wir Menschen sie beneiden: kaltes Licht. Das ist Licht, das ohne Wärmeentwicklung entsteht. Es bildet sich bei der chemischen Reaktion zweier Stoffe in bestimmten Teilen des Hinterleibs unter einer durchsichtigen Chitinhaut. Glühwürmchen nutzen das Licht, damit die Geschlechtspartner zusammenfinden.

Bei unserem heimischen Glühwürmchen kriechen die flügellosen Weibchen an warmen Sommerabenden an Grashalmen empor und lassen die Leuchtorgane ihres Hinterleibs strahlen. Die Männchen fliegen in geringer Höhe suchend über der Wiese. Entdecken sie ein Weibchen, steuern sie es an, beide schalten ihr Licht aus und paaren sich im Dunkeln.

Stechmücke nach dem Blutsaugen

Können Insekten krank machen?

Keine Angst, die meisten nicht. Aber es gibt in der riesigen Zahl an Insektenarten einige gefährliche, darunter das gefährlichste Tier überhaupt. Das ist nämlich keineswegs eine Giftschlange, ein Tiger oder ein Hai, sondern eine Mücke: die Stechmücke Anopheles. Sie überträgt mit ihrem Stich die Malaria-Krank-

Insekten

heit und tötet dadurch jährlich rund 2 Millionen Menschen. Besonders in den Tropen gibt es noch eine ganze Reihe weiterer tödlicher Krankheiten, deren Erreger durch Blut saugende Insekten übertragen werden, etwa Schlafkrankheit und Gelbfieber. Und auch die Pest, die vor Jahrhunderten auf der Erde weit verbreitet war und auch in Europa Millionen tötete, wurde von Insekten übertragen, nämlich von Rattenflöhen.

Immerhin kann man sagen, dass eigentlich nicht die Insekten selbst hier die Übeltäter sind, sie übertragen nur unwissend die Erreger. Anders ist es bei Stichen von Bienen oder Wespen. Deren Gift ist zwar für die meisten Menschen ungefährlich, aber manche sind dagegen hoch empfindlich und reagieren allergisch. Sie können dadurch binnen Minuten sterben. Jedes Jahr kommen in Europa Dutzende von Menschen auf diese Art zu Tode.

Warum stechen Stechmücken?

Damit sie genügend Nährstoffe bekommen, um Eier legen zu können. Stechmücken haben nämlich eine ganz ungewöhnliche Lebensweise. Sie entwickeln sich in kurzlebigen Pfützen. Scheint die Sonne auf Pfützen, wachsen dort sehr rasch Unmengen mikroskopisch kleiner Wasserpflanzen und Wassertierchen. Nahrung für die Larven ist also genug vorhanden. Größere Tiere aber, etwa Fische und größere Wasserinsekten, brauchen für ihre Entwicklung längere Zeit, als die Pfütze existiert. Diesen von Feinden freien Lebensraum

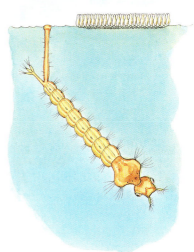

Schwimmendes Eipaket und Stechmückenlarve

nutzt die Stechmückenlarve. Die Mücke legt ihre Eier ins Wasser, und binnen zwei Tagen entwickeln sich daraus die Larven. Sie hängen unter der Wasseroberfläche und fressen Mikroalgen. Schon nach einigen Tagen verwandeln sie sich in eine neue Stechmückengeneration.

 Insekten

Da bestimmte wichtige Bestandteile in der Algennahrung fehlen, muss sich die weibliche Stechmücke diese Bestandteile besorgen, um Eier produzieren zu können. Das macht sie durch das Saugen von Blut. Dafür hat sie ideale Werkzeuge: Fühler, die durch die Haut hindurch eine Ader orten können, eine Art Säge, die ein Loch feilt, einen Saugrüssel sowie bestimmte Stoffe im Speichel, die die Mücke in die Wunde spritzt, um die Gerinnung des Blutes zu verhindern. Gerade dieser Speichel aber erzeugt das Jucken und kann Krankheitserreger enthalten.

Warum sollen Fliegen nicht auf Speisen landen?

Nicht, weil sie viel davon weg essen – auf das bisschen könnte man verzichten. Aber Stubenfliegen und Schmeißfliegen sind Tiere, die oft Schmutz aufsuchen – zum Beispiel Kot, Mist und verwesendes Fleisch. Sie nutzen es als Nahrung, und ihre Larven, die Maden, wachsen in solcher Umgebung auf. In diesem Schmutz aber wimmelt es nur so von Bakterien, schädlichen Kleinpilzen und anderen möglichen Krankheitserregern. Die trägt die Fliege dadurch natürlich an Füßen und Saugrüssel. Und wenn sie dann auf einem Teller landet und dort nascht, überträgt die Fliege auch dorthin Bakterien.

Außerdem ist die Art, wie Fliegen Nahrung aufnehmen, nicht sehr appetitlich. Sie können nicht kauen, sondern nur flüssige Nahrung durch ihren Rüssel aufschlürfen. Wenn eine Fliege auf einem Zuckerstück landet, spuckt sie zunächst etwas Speichel auf den Zucker und saugt dann die süße Lösung ein.

Insekten

Sterben Bienen, Wespen und Hornissen, wenn sie gestochen haben?

Honigbienen ja, Wespen und Hornissen nicht. Das hängt mit dem Bau ihres Hinterleibs zusammen, an dem der Giftstachel sitzt. Bei Wespen und Hornissen ist der Stachelapparat sehr fest verankert, daher können sie den Stachel nach dem Stich wieder herausziehen.

Wespen können mehrmals stechen.

Bei Honigbienen dagegen ist die Giftdrüse und die kleine Blase für den Giftvorrat längst nicht so stabil befestigt. Sie können den Stachel zwar aus der festen Hülle eines gestochenen Insekts wieder entfernen, aber nicht aus unserer weichen Haut und reißen sich daher beim Davonfliegen den Giftapparat heraus und sterben bald.

Übrigens ist es relativ einfach, nicht gestochen zu werden: Du solltest die Tiere nicht durch hastige Bewegungen beunruhigen – sie stechen nur in Notwehr. Gefährlich sind Wespen, weil sie gerne auf Nahrungsmitteln und in Getränkebehälter kriechen und dann versehentlich in Mund und Hals gelangen – hier ist ein Stich sehr schmerzhaft und kann unter Umständen durch das Anschwellen der Schleimhäute zur Erstickung führen.

> Es ist ein Schauermärchen, dass Hornissen besonders gefährlich sind und dass drei Hornissenstiche einen Menschen, sieben sogar ein Pferd töten könnten. Obwohl sie bis 3 Zentimeter lang werden, ist die Giftwirkung kaum größer als bei einer Wespe. Außerdem sind sie ruhig und berechenbar und keineswegs stechlustig. Richtig ist immerhin, dass der Biss eines einzigen Pferdes ausreicht, um eine Hornisse zu töten...

Insekten

Kneifen Ohrwürmer in die Ohren?

Das gehört zu den immer wieder erzählten Märchen über diese Tiere und hat nicht wenig zu ihrem schlechten Ruf beigetragen. Doch all die Schauergeschichten über Ohrwürmer, die nachts in die Ohren schlafender Menschen kriechen, das Trommelfell durchbeißen und ins Gehirn kriechen, sind Unsinn. Die Zangen, die sie am Hinterleib tragen, dienen nicht als Waffen, sondern werden für die Paarung gebraucht. Und übrigens sind Ohrwürmer auch keine Würmer, sondern Insekten.

Mit Einbruch der Dunkelheit kommen die Tiere aus ihren Verstecken und gehen am Erdboden und auf Pflanzen auf Nahrungssuche. Sie fressen weiche Pflanzenteile und schwache oder kleine Insekten, nicht zuletzt Blattläuse. Deshalb gelten Ohrwürmer im Garten als sehr nützlich.

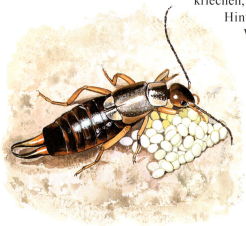
Ohrwürmer betreiben Brutpflege.

Ohrwürmer gehören zu den wenigen Insektenarten, die sich um ihre Brut kümmern. Das Weibchen baut für die Brut eine Wohnröhre in den Erdboden, bleibt nach der Eiablage viele Wochen bei den Eiern, säubert und wendet sie und vertreibt andere Insekten. Nicht selten stirbt sie nach dem Ausschlüpfen und dient dann den Larven als erste Nahrung.

Saugen Bienen den Honig aus Blüten?

Nein, in Blüten gibt es keinen Honig, sondern nur Zuckersaft, den Nektar. Den Honig produzieren die Bienen selbst daraus. Sie saugen den Nektar aus der Blüte und speichern ihn in der Honigblase, einer Art Magen. Dort wird der Nektar mit körpereigenen Stoffen versetzt. Im Bienenstock würgen sie den Saft hervor und übergeben ihn anderen

Bienen, die den Saft ihrerseits in ihren Honigmägen weiter mit Zusatzstoffen anreichern. Schließlich füllen sie ihn in Waben ab. Spezielle Bienen sorgen durch tagelanges Fächeln mit den Flügeln für die Wasserverdunstung. Dann werden die Waben fest verschlossen und bleiben wochenlang liegen. In dieser Zeit entwickelt sich das Honigaroma.

Eigentlich wollen die Bienen ihren Honig als Nahrungsvorrat für den Winter nutzen. Aber im Herbst holt der Imker die Honigwaben aus dem Stock, öffnet sie und schleudert den Honig heraus. Die Bienen bekommen stattdessen als Ersatz Zuckerwasser.

Honig schmeckt nicht nur den Bienen.

Ein Bienenvolk von 40 000 bis 80 000 Tieren liefert 7 bis 10 Kilogramm Honig im Jahr. Um ein einziges Kilogramm Honig zu erzeugen, müssen die Bienen etwa 70 000 Sammelflüge unternehmen.

Was für ein Tier ist der Wurm im Apfel?

Jedenfalls kein Wurm, sondern ein Insekt. Es ist die Larve eines Insekts, nämlich meist des Apfelwicklers oder eines seiner Verwandten. Diese Wickler sind kleine, unauffällige Schmetterlinge, die in der Dämmerung zwischen Mai und Juli fliegen. Sie legen in dieser Zeit einige Dutzend winziger Eier an die noch ganz jungen Äpfel. Jede ausschlüpfende weißliche Larve bohrt sich in eine Frucht zum Kerngehäuse hinein und frisst die nährstoffhaltigen Kerne. Sie wird dabei bis zu 2 Zentimeter lang. Schließlich bohrt sie sich einen Ausgang und verpuppt sich in einem Versteck unter der Rinde oder im Erdboden. Die aus ihnen ausschlüpfenden neuen Wickler fliegen im August und legen nochmals Eier an die nun schon großen Früchte. Die dabei entstehenden Raupen findet man, samt ihrem dunklen Kot, dann manchmal im Apfel oder in einer anderen Frucht.

Spinnentiere

Vielen Menschen sind Spinnen unheimlich, und manche hegen sogar eine tiefe Furcht selbst vor unseren harmlosen einheimischen Arten. Überhaupt haben die Spinnentiere, zu denen unter anderem auch Skorpione, Zecken und Weberknechte zählen, einen schlechten Ruf. Doch das ist schade, weil sie eine Reihe faszinierender Lebensweisen entwickelt haben – allein die Netze sind Wunder der Baukunst.

Was ist der Unterschied zwischen Insekten und Spinnentieren?

Wie bei den Insekten hilft es, die Beine zu zählen, um sie von anderen Tiergruppen zu unterscheiden. Spinnentiere besitzen stets acht Beine, also zwei mehr als Insekten. Der Körper von Spinnen besteht aus nur zwei Teilen, nämlich dem Kopf-Brust-Teil, von dem die Beine ausgehen, und dem Hinterleib, an dessen Ende bei vielen Spinnen die Drüsen sind, die die Spinnfäden erzeugen.

Wie Insekten aber besitzen auch Spinnentiere kein Innenskelett mit Knochen, sondern eine feste Außenhülle. Vorn am Kopf sitzen die meist acht Augen (bei einigen Arten sind es weniger). Es sind keine Facettenaugen wie bei den Insekten, sondern Einzelaugen, die ähnlich wie unsere Augen mit Netzhaut und Linse aufgebaut sind. Die großen Hauptaugen dienen dazu, ein Bild der Umgebung zu erzeugen, die kleineren Nebenaugen registrieren besonders gut bewegte Objekte.

Die großen, stark behaarten Vogelspinnen gehören für viele Menschen zu den Gruselmonstern überhaupt. In Wirklichkeit ist ihr Gift sehr schwach. Sie sind nächtliche Jäger, die ihre Opfer anspringen – meist Insekten, Eidechsen und Mäuse, aber nur selten junge Vögel. Manche Menschen halten sie als Haustiere, dann können sie sogar zahm werden.

Spinnentiere

Sind Spinnen gefährlich?

Die meisten Spinnen haben Giftwaffen in Form von spitzen Klauen vorn an der Mundöffnung, durch die sie das Gift in ihr Opfer spritzen. Allerdings sind nur wenige Arten in der Lage, die doch recht dicke menschliche Haut zu durchdringen. Immerhin sterben jährlich weltweit einige hundert Menschen an Spinnenbissen.

In Deutschland allerdings ist die Gefahr klein. Die einzige Spinne, die Menschen schmerzhaft beißen kann, ist die Dornfingerspinne. Sie kommt in einigen wärmeren Gebieten Süddeutschlands vor. Aber selbst ihr Biss schmerzt kaum mehr als ein Wespenstich, und sie beißt, wie alle Giftspinnen, Menschen nur in Verteidigung.

In wärmeren Ländern gibt es Spinnen, die Menschen töten können. Im Mittelmeergebiet lebt die tiefschwarze „Malmignatte", die zu den „Schwarzen Witwen" gehört. Sie kann empfindlich beißen. Der Biss schmerzt tagelang, und das Opfer kann sogar an Atemlähmung sterben.

Vogelspinne

Was ist ein Weberknecht?

Die Tiere mit dem schwarzbraunen, rundlichen Körper und den superlangen Beinen, die oft im Garten oder in der Wohnung zu finden sind, gehören ebenfalls zu den Spinnentieren. Sie heißen Weberknechte oder Kanker; es gibt mehrere Arten. Sie spinnen keine Netze, sondern jagen kleine Insekten und Schnecken.

Du solltest sie möglichst in Ruhe lassen. Sie werfen bei Gefahr leicht eines oder mehrere ihrer Beine ab, um Angreifer zu verwirren, und humpeln dann rasch davon. Es wächst zwar teilweise wieder nach, dennoch sollte man das Tier nicht unnötig verkrüppeln.

Spinnentiere

Warum bauen Spinnen Netze?

Da die Spinnentiere keine Flügel besitzen, haben sie andere Tricks entwickelt, um ihre Nahrung zu erbeuten. Und die Netze gehören zu diesen Tricks.

Es gibt davon eine ganze Reihe unterschiedlicher Formen. Manche sehen aus wie Trichter, andere wie Zeltdächer, Röhren, Maschen, Hauben oder Vorhänge aus dünnen Fäden. Am bekanntesten sind die großen Radnetze, wie sie etwa unsere Kreuzspinne baut, um fliegende Insekten zu fangen. Diese Netze sind faszinierende Konstruktionen. An nur wenigen Punkten befestigt, überdecken sie eine große Fläche und sind erstaunlich haltbar. Immerhin sind viele Spinnenfäden so hauchdünn – weniger als ein zehntausendstel Millimeter – dass wir sie mit bloßem Auge eigentlich gar nicht sehen können. Wir erkennen sie nur, wenn sie Licht brechen oder spiegeln, oder wenn sie von feinsten Tröpfchen bedeckt sind. Dennoch spüren wir beim Zerreißen einen merklichen Widerstand – ein Seil aus diesem Material könnten wir überhaupt nicht mehr abreißen.

Einige der Fäden, besonders die Netzspirale, besteht aus Klebefäden: Sie tragen winzige Klebstofftröpfchen, die ein Insekt festhalten. Die Kreuzspinne sitzt in der Netzmitte und spürt die kleinste Bewegung im Netz. Sie eilt sofort zur Beute, wickelt sie weiter ein und lähmt sie mit einem Biss aus ihren Giftklauen. Viele andere Spinnenarten lauern in einem Versteck, zu dem ein Signalfaden führt, der sie alarmiert.

Eine Spinne packt ihr Beutetier.

Spinnentiere

Im Spätsommer wehen oft feine Spinnenfäden durch die Luft. Sie sind der Ersatz mancher Spinnen für ihre fehlenden Flügel. An den selbst gesponnenen Fäden hängend, die der Wind manchmal Hunderte von Kilometern weit durch die Luft trägt, können frisch geschlüpfte Jungspinnen zu neuen Revieren segeln oder Spinnenmännchen auf Brautschau fliegen. Man nennt diese Zeit „Altweibersommer" – nicht nach älteren Frauen, sondern „weiben" ist ein altes Wort für „spinnen".

Bauen alle Spinnen Fangnetze?

Keineswegs. Die braungrauen Wolfsspinnen zum Beispiel, die man oft im Laub herumhuschen sieht, sind Jäger: Sie lauern Bodeninsekten auf oder jagen und überwältigen sie mit einem Sprung. Auch die kleinen Springspinnen, die tagsüber auf warmen Mauern, Fenstersimsen und anderen Stellen herumflitzen, springen ihre Beute geschickt an – sie können dank ihrer guten Augen und ihrer schnellen Reaktion genau ausmachen, wo genau ein landendes Insekt zu erwischen ist.

Viele Krabbenspinnen dagegen lauern in Blüten und sind daher schön bunt gefärbt. Landet ein Insekt, etwa eine Biene oder Hummel, packen sie unversehens zu und schlagen ihre Giftklauen hinein, um es zu lähmen.

Ganz besonders trickreich überwältigt die Speispinne ihr Opfer. Spürt sie ein Beutetier, spuckt sie im Bruchteil einer Sekunde aus einigen Millimetern Entfernung ein Netz feiner klebriger Fäden darüber.

Die Wasserspinne lebt in Tümpeln. Sie baut in der Tiefe eine kleine, nach unten offene Netzkugel als Taucherglocke – dort speichert sie einen Luftvorrat und schwimmt von hier aus zur Jagd.

Spinnentiere

Manchmal sitzt plötzlich eine große, dunkle, langbeinige Spinne in der leeren Badewanne, oder sie flitzt mit rasemdem Tempo quer über den Fußboden davon. Das ist fast immer eine Hauswinkelspinne, die für Menschen harmlos ist. Sie besitzt seht glatte Füße, weshalb sie nicht aus Waschbecken und Wannen fliehen kann. Nimm sie vorsichtig auf die Hand und setze sie ins Freie – und bestehe die Mutprobe zugunsten der Natur!

Warum muss man sich vor Zecken vorsehen?

Zecke

Zecken saugen etwa 1-2 Wochen lang Blut am Wirtstier und legen 1000-3000 Eier an einer geschützten Stelle auf dem Erdboden ab.

Zecken sind millimeterkleine Spinnentiere, die Blut saugen. Bei uns sind mehrere Arten verbreitet. Sie lauern in Gebüschen, lassen sich im richtigen Moment auf Tiere oder Menschen fallen und kriechen dann einige Stunden auf der Haut umher, bis sie eine Stelle zum Blutsaugen finden. Beim Trinken schwillt im Laufe einiger Tage der Hinterleib zu Erbsengröße an, und ist die Zecke schließlich satt, lässt sie sich fallen, legt Eier und stirbt.

Das Gefährliche an Zecken ist nicht der Verlust einiger Tropfen Blut. Aber ähnlich wie Stechmücken spritzen sie Stoffe in die Bisswunde, die die Gerinnung des Blutes verhindern. Dadurch können sie sehr gefährliche Krankheitserreger übertragen, etwa von der fieberhaften Lyme-Krankheit oder sogar von der Gehirnhautentzündung, die zu Lähmungen und zum Tod führen kann. Daher sollte man, wenn man in einer Zecken-Region wohnt (Apotheker fragen!), nach jedem Naturspaziergang seine Haut gut absuchen und sich eventuell gegen Zecken-Krankheiten impfen lassen.

Tiere im Meer

Fische, Quallen, Kraken und Wale haben eines gemeinsam: Sie leben im Meer. Also in einem riesigen Lebensraum, der etwa zwei Drittel der Erdoberfläche umfasst – und voller spannender Dinge steckt.

Welches Tier kann am tiefsten tauchen?

Eine ganze Reihe von Tierarten lebt ständig in der Tiefsee, zum Beispiel die Tiefseefische, Muscheln und Würmer. Aber nur wenige Tierarten sind fähig, regelmäßig von der Wasseroberfläche aus in große Tiefen vorzustoßen und wieder zurückzukommen. Wedellrobben können 300 Meter tief tauchen, Kaiserpinguine sogar über 500 Meter. Den Tauchrekord aber hält sicherlich der Pottwal. Er kann in Tiefen von vermutlich 3000 Metern tauchen und weit länger als eine Stunde unten bleiben. Um so große Tiefen zu erreichen, hat der Pottwal besondere Organe entwickelt, die ihm ein rasches, gefahrloses Tauchen und Aufsteigen gestatten. Er speichert einen großen Teil des benötigten Sauerstoffs nicht in der Lunge, da sie sonst unter dem ungeheuren Wasserdruck in der Tiefe zusammengepresst werden würde. Der Wal bindet den Sauerstoff in Blut und Muskeln.

Wie intelligent sind Delfine?

Sie besitzen ein großes Gehirn. Allerdings wird ihre Klugheit von manchen Menschen überschätzt – an die von Menschenaffen oder gar Menschen kommt sie nicht heran. Ein großer Teil des Gehirns wird vermutlich nicht zum „Denken" gebraucht, sondern dazu, die vom Schallortungssystem

Tiere im Meer

gelieferten Informationen auszuwerten und in eine Art Bilder umzusetzen. Mithilfe dieser Schallechos können sich die Tiere orientieren und ihre Beute aufspüren.

Immerhin besitzen sie eine erstaunlich komplizierte „Sprache", mit der sie sich weltweit einheitlich verständigen können. Sie besteht aus Lauten in einem riesigen Frequenzbereich, der etwa zehnmal so groß ist wie der menschliche Hörbereich. Die Tiere können einander damit recht genau Befehle und Beschreibungen übermitteln. Zum Beispiel kann ein Delfin einem Artgenossen, dessen Augen verbunden sind, genaue Verhaltensanweisungen geben – das hat man in Delfinarien ausprobiert.

Seit der Zeit der Griechen und Römer gibt es Geschichten über Delfine, die Menschen aus Seenot gerettet haben. Manchmal nehmen sie zum Beispiel Ertrinkende auf ihren Rücken und tragen oder schieben sie zum Ufer. Sie helfen auf diese Weise auch kranken Artgenossen. Offenbar sind Delfine und andere Wale dem Menschen freundlich gesonnen – trotz allem, was wir ihnen antun.

Wie kann man Delfine dressieren?

In vielen Delfinschauen führen diese Wale erstaunliche Kunststücke vor: Sie springen hoch aus dem Wasser durch Reifen, balancieren Bälle oder lassen Menschen auf ihrem Rücken reiten. Wie bringt man ihnen so etwas bei?

Das ist gar nicht so schwierig. Delfine sind neugierig und verspielt und lassen sich deshalb gut dressieren. Meist beginnt die Dressur damit, dass der Trainer nach einem zufälligen Sprung der Tiere pfeift und ihnen einen Fisch zuwirft. Mit der Zeit verbinden die Delfine Sprung, Pfiff und Belohnung

Tiere im Meer

und springen nun nach jedem Pfeifen. Auch bei der Vorführung erwarten daher die Tiere nach jedem Kunststück einen Fisch als Belohnung. Nach und nach kann der Trainer zu komplizierteren Anforderungen übergehen, etwa zu einem Sprung durch einen Reifen. Es kostet viel Zeit und Geduld, aber schließlich können die Tiere dann erstmals vor Publikum auftreten.

Können Wale singen?

Zumindest geben manche Walarten Schnalz-, Grunz-, Schnarch-, Stöhn- und Zirplaute von sich. Sie können sich damit über Entfernungen bis zu 200 Kilometer verständigen, denn sie sind außerordentlich laut, und zudem breitet sich Schall im Wasser gut aus. Seeleute haben diese Laute schon seit Jahrhunderten vernommen, wussten aber nicht, dass sie von Walen stammen – so entstanden Sagen von singenden Meerjungfrauen.

Besonders die Laute der Buckelwale klingen auch für unsere Ohren sehr melodisch. Man kann sogar Schallplatten mit Walgesängen kaufen. Die Melodien bestehen aus einer geordneten Folge von musikalischen Themen, in die oft Schreie und Zirplaute eingestreut werden. Bricht ein Wal die Melodie ab, weil er atmen muss, setzt er sie danach an exakt der gleichen Stelle fort. Der gesamte Gesang hält oft viele Stunden lang an. Offenbar sind auch persönliche Merkmale in den Liedern vorhanden; die Tiere können sich jedenfalls gegenseitig genau wiedererkennen.

Die Bedeutung dieser komplexen, immer wieder veränderten Tonfolgen ist allerdings noch rätselhaft. Weil es junge Männchen sind, die singen, dienen die Lieder vermutlich dem Zusammenfinden der Geschlechter oder der Revierabgrenzung.

Tiere im Meer

Müssen Fische auch atmen?

Natürlich, sie brauchen wie wir Sauerstoff. Wie auch viele andere Wassertiere nutzen sie die Tatsache, dass sich Sauerstoff gut in Wasser löst, und holen ihn sich mit speziellen Organen, den Kiemen, heraus. Das sind dünne, lappenartige Körperanhänge, die hinter dem Kopf in einer kleinen Vertiefung des Körpers liegen und von vielen dünnwandigen Blutgefäßen durchzogen sind. Eine kleine Klappe, der Kiemendeckel, schützt sie vor Beschädigung.

Wasserstrom

Kiemenlappen

Das Blut nimmt den Sauerstoff durch die dünne Aderwand hindurch auf und gibt das Gas Kohlendioxid ab, das als „Abfallprodukt" im Körper entsteht. Dazu müssen die Kiemen ständig von frischem Wasser umspült sein. Meist nehmen die Fische es mit dem Maul auf, das sie dabei regelmäßig öffnen und schließen.

Auch viele Wasserinsekten und andere Wassertiere besitzen Kiemen. Bei ihnen ragen sie meist aus dem Körper heraus. Manche Muscheln, die sich im Schlamm eingraben, strecken ein Röhrchen hinaus, durch das sie Wasser zu ihren Kiemen leiten. Kleinere Tiere brauchen allerdings keine Kiemen: Sie nutzen ihre gesamte Körperoberfläche zum Gasaustausch mit dem Wasser.

Warum erzeugt der Tintenfisch Tinte?

Um sich zu schützen. Wenn sie angegriffen werden, stoßen Kopffüßer – zu dieser Gruppe gehören unter anderem Tintenfische, Kraken und Kalmare – aus ihrem After eine dicke Tintenwolke ins Wasser. Sie wird in einer speziellen Tintendrüse erzeugt. Bei Tintenfischen ist sie bräunlich, bei Kraken schwarz und bei Kalmaren blauschwarz. Die Wolke lenkt den Feind ab. Außerdem kann er nicht hindurchsehen, so dass sich der Kopffüßer im Schutz der Tinte unbemerkt davonmachen kann. Früher hat man die bräunliche Tintenfisch-Tinte unter dem Namen „Sepia" zum Schreiben benutzt.

Tiere im Meer

Kopffüßer haben den Raketenantrieb lange vor dem Menschen erfunden. Sie können Wasser unter hohem Druck durch den Mund ausstoßen und so sehr schnell rückwärts davonschießen.

Warum brennen Quallen?

Weil die Fangarme der Quallen mit Tausenden von Nesselzellen besetzt sind. Sie gehören zu den gefährlichsten Waffen, die wir aus dem Tierreich kennen. Die kleinen eiförmigen Gebilde – nur etwa ein Hundertstel Millimeter groß – tragen an der Spitze feine Härchen. Werden sie von einem Beutetier oder einem Menschen auch nur ganz leicht berührt, explodiert die Nesselzelle geradezu.

Der Deckel wird abgesprengt, eine mit Widerhaken versehene Harpunenspitze springt heraus, reißt die Haut oder den Chitinpanzer der Beute auf und bahnt den Weg für den Giftpfeil. Das ist ein langer Schlauch, der tief in die Wunde schießt und ein lähmendes, ätzendes Gift verspritzt. Das Ganze dauert nur etwa 3 Tausendstel Sekunden.

Die getötete Beute – Plankton, Kleinkrebse und kleine Fische – wird mit speziellen Wickel- und Klebekapseln festgehalten. Dann ziehen sich die Fangfäden der Qualle stark zusammen und befördern so das gefangene Tier an die Mundöffnung.

Quallen lähmen ihre Beute mit Nesselzellen.

Tiere im Meer

Wahre Horror-Quallen schwimmen vor der nordaustralischen Küste: Die nur etwa 10 Zentimeter großen, lilaroten „Seewespen" mit ihren bis zu 3 Meter langen Tentakeln gelten als die gefährlichsten giftigen Meerestiere überhaupt und werden an den Badestränden mehr gefürchtet als Haie. Das Nervengift ihrer Tentakeln ruft Krämpfe und Schwächezustände hervor und kann einen Menschen binnen 3 Minuten töten. Schon viele Badende sind durch die im Wasser kaum sichtbaren Tiere umgekommen.

Was sind Korallen?

Korallen sind die größten Baumeister der Natur. Manche Arten dieser Bewohner warmer Meere erzeugen gewaltige felsartige, unterseeische Gebilde. Diese „Korallenriffe" können Hunderte von Kilometern lang sein. Sie sind wichtige Lebensräume für zahlreiche Tierarten. Dabei sind Korallen selbst sehr klein, nur wenige Zentimeter lang. Sie sind mit den Quallen verwandt und besitzen wie diese Fangärmchen um eine Mundöffnung herum, mit denen sie Kleintiere aus dem Wasser fischen. Im Gegensatz zu Quallen bilden sie eine Kalkhülle, mit der sie ihren Körper schützen können.

Meist leben Korallen zu Millionen in Kolonien zusammen. Stirbt ein Tierchen, bleibt seine Kalkhülle zurück und dient als Bauplatz für die Hülle eines Nachfolgers. So wachsen Riffe aus Milliarden winziger miteinander verkitteter Kalkskelette langsam vom Meeresboden in die Höhe. Weil Korallen warmes Wasser brauchen, gibt es Korallenriffe nur in den Tropen – die Wassertemperatur darf nie unter 20 Grad

Celsius sinken, außerdem müssen Nährstoffe und Licht vorhanden sein. Das größte Korallenriff ist das Barriere-Riff nordöstlich von Australien – über 2000 Kilometer lang und mit rund 200 000 Quadratkilometern mehr als halb so groß wie Deutschland.

Können Fliegende Fische wirklich fliegen?

So gut wie Vögel, Insekten oder Fledermäuse können die schlanken Flugfische nicht durch die Lüfte gleiten. Das brauchen sie auch nicht, denn sie wollen das Wasser nur kurze Zeit verlassen, um einem Feind zu entfliehen.

Wollen sie das Wasser verlassen, schlagen sie rasch ihre Schwanzflosse hin und her und werden so immer schneller. Die Schwanzflosse ist mit extrem kräftigen Muskeln ausgestattet, die sie auf über 50 Schläge pro Sekunde bringen. Brust- und Bauchflossen drücken sie dabei eng an den Körper. Bei einem bestimmtem Tempo schieben sich die Tiere aus dem Wasser, breiten ihre Brustflossen flügelartig aus und gleiten weit über die Oberfläche. Sinken sie wieder ab, taucht zunächst die rasch hin und her schlagende Schwanzflosse ein und beschleunigt den Fisch erneut, so dass er nochmals das Wasser verlassen kann.

In mehreren Sprüngen können die Fliegenden Fische so über 200 Meter zurücklegen und ihren Verfolgern leicht entkommen.

Tiere im Meer

In der Tiefsee leben höchst ungewöhnliche Fischarten, die sich an die lichtlose Tiefe angepasst haben. Oft sehen sie für uns ungewöhnlich Furcht erregend aus, weil sie riesige Mäuler mit spitzen Zähnen, große Augen besitzen und seltsam geformt sind. Einige Tiefseefische haben Leuchtorgane, mit denen sich die Geschlechtspartner finden. Einige locken auch mit Licht Beutetiere an. Manche erzeugen ihr Licht mithilfe bestimmter chemischer Vorgänge selbst, andere beherbergen spezielle Licht aussendende Bakterien.

Warum kommen Wale immer an die Wasseroberfläche?

Weil sie mit Lungen atmen, also immer wieder Luft schnappen müssen. Wale sind keine Fische, sondern Säugetiere wie wir: Sie sind warmblütig, atmen Luft, bringen lebende Junge zur Welt und säugen sie mit Milch. Ihre Vorfahren waren Landtiere, die sich dann aber dem Lebensraum Meer angepasst haben. Sie verloren ihr Fell, die Beine wurden zum Teil zu Flossen, und die Nasenlöcher liegen nun nicht mehr vorne, sondern oben am Kopf. Dadurch können sie beim Schwimmen bequemer atmen.

Zahnwale, etwa Delfine, besitzen nur ein Nasenloch. Normalerweise ist dieses „Blasloch" fest und wasserdicht verschlossen. Zum Atmen öffnet es der Wal und stößt zunächst die verbrauchte Luft mit großer Kraft aus. Dabei kühlt sich die feuchte Luft ab, so dass eine Fontäne aus Nebel entsteht, der „Blas". Wale stoßen also keineswegs Wasserstrahlen aus, auch wenn das manchmal so aussieht.

Nach dem Ausatmen saugen sie erneut Luft ein und verschließen das Blasloch wieder. Pottwale zum Beispiel atmen vor ihren langen Tieftauchgängen rund 10 Minuten lang, um möglichst viel Sauerstoff im Körper zu speichern.

Blasender Wal

Ausgestorbene Tiere

Nicht einmal ein Zehntausendstel aller Arten, die jemals auf der Erde existierten, leben in unserer heutigen Zeit. Die weitaus meisten sind vor langer Zeit ausgestorben. Leider, denn es gab unter ihnen erstaunliche Geschöpfe, vor allem die Dinosaurier.

Woher weiß man, welche Tiere früher lebten?

Weil man ihre Überreste gefunden hat. Immer wieder tauchten in Steinbrüchen und Baugruben versteinerte Knochen und Schalen von unbekannten Tieren auf, die nirgends auf der Erde leben. Man nennt solche Überreste „Fossilien".

Gefundene Dinosaurierknochen werden zu Skeletten zusammengesetzt.

Lange Zeit glaubten die Forscher, die Tiere seien in der biblischen Sintflut umgekommen. Nach und nach aber fand man heraus, dass die Sintfluterzählung eher eine Sage ist und vor allem, dass die meisten der Überreste sehr alt sind – viel älter als laut der Bibel die Sintflut.

Forscher untersuchten die Knochen genauer und verglichen sie mit den Knochen heute lebender Tiere. Dabei entdeckte man, dass die damaligen Tiere zum großen Teil zu Tiergruppen gehörten, die auch heute bekannt sind – vor allem zu den Reptilien, aber auch zu den Vögeln, Fischen, Amphibien, Weichtieren und Säugetieren. Beim Vergleich verschieden alter Überreste konnte man oft sogar „Stammbäume" aufstellen. Sie zeigen, dass alle heute lebenden Arten sich nach und nach aus früher lebenden, oft einfacher gebauten Arten entwickelt haben.

> Dinoknochen und daraus wieder zusammengesetzte Skelette kann man in Deutschland in mehreren Museen besichtigen. Zu den größten und schönsten gehören das Berliner Museum für Naturkunde und das Senckenberg-Museum in Frankfurt am Main.

Ausgestorbene Tiere

Wie groß wurde der größte Dinosaurier?

Die Dinosaurier waren eine eindrucksvolle, vielgestaltige Tiergruppe. Es gab hühnergroße Dinos, die Insekten und Eidechsen jagten, aber auch meterhohe, tonnenschwere Fleischfresser und noch viel größere Pflanzenfresser. Gerade ihre riesigen Skelette sind besonders eindrucksvoll. Sie waren die größten Tiere, die jemals über die Erde stapften.

Zu den größten Raubdinos gehörte der Tyrannosaurus rex. Sein Körper war etwa 14 Meter lang, der gewaltige Kopf mit dem Maul voller dolchartiger Zähne schwebte 6 Meter über dem Boden, und er war mit 6 Tonnen Gewicht ungefähr so schwer wie ein Elefantenbulle. Sehr viel größer und schwerer wurden die gewaltigen Pflanzen fressenden Dinos, die Sauropoden. Schon ihre Größe schützte sie vor vielen Feinden, außerdem konnten sie sich mit Schlägen ihrer mächtigen Köpfe und Schwänze wehren.

Der bisher längste bekannte Sauropode ist der Diplodocus, dessen Körper rund 27 Meter Länge erreichte. Der wohl schwerste war der Brachiosaurus, der 16 Meter Höhe und 80 Tonnen Gewicht erreichte; so viel wie ungefähr 15 Elefantenbullen.

Der große Raubdinosaurier Tyrannosaurus rex

Ausgestorbene Tiere

Auch Krokodile gab es schon zu Dino-Zeiten – sogar riesige. Vor etwa 110 Millionen Jahren lebte in afrikanischen Flüssen eine besonders gewaltige Panzerechse, gegen die heutige Krokos wie Spielzeuge aussehen: Mit 12 Metern war sie so lang wie ein Bus, wog etwa 8000 Kilogramm – so viel wie 10 Autos – und hatte ein riesiges Maul voller spitzer Zähne, mit dem sie vermutlich trinkende Dinosaurier packte.

Gab es auch im Meer Saurier?

Alle Dinosaurier waren Landtiere. Aber einige verwandte Saurierarten hatten sich das Meer als Lebensraum erobert und ihre Körperformen dem Wasserleben angepasst. Dabei waren die Plesiosaurier („Paddel-Saurier") und die Ichthyosaurier („Fisch-Saurier") besonders erfolgreich.

Die Gliedmaßen der Plesiosaurier waren zu langen, kräftigen Paddeln umgebildet, mit denen sie schnell durchs Wasser rudern konnten. Einige Arten besaßen lange Hälse, wahrscheinlich schnappten sie sich so auch schnell schwimmende Fische und Tintenfische. Manche der Tiere erreichten eine Körperlänge von 14 Metern, so viel wie 4 Autos hintereinander. Zur Eiablage mussten die Plesiosaurier auf den Strand kriechen und waren dort sehr langsam und verwundbar – und noch mehr die dem Meer zustrebenden Jungen.

Die Fischsaurier hatten sich noch weit besser ans Meeresleben angepasst als die Plesiosaurier. Sie brauchten keine Paddel, sondern ihre senkrecht stehende Schwanzflosse trieb den stromlinienförmigen Körper auf über 40 Stundenkilometer. Sie hatten es auch nicht mehr nötig, an Land zu gehen, sondern brachten – recht ungewöhnlich für Reptilien – lebende Junge zur Welt. Sie ernährten sich von Fischen. Der vor etwa 210 Millionen Jahren lebende Shonisaurus wurde volle 15 Meter lang!

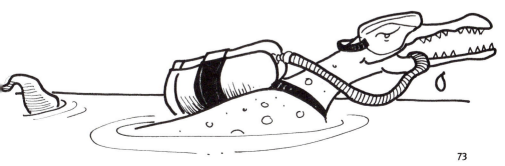

Ausgestorbene Tiere

Wie schnell konnten Dinos laufen?

Wettrennen lassen sich natürlich nicht mehr veranstalten. Aber man kann aus der Knochengröße, der geschätzten Körpermasse, der Schrittlänge, die man aus versteinerten Fußabdrücken ermittelt, sowie durch Vergleiche mit heutigen Tieren ungefähr abschätzen, zu welchem Tempo ein Dino damals fähig war.

Am langsamsten waren natürlich die Pflanzenfresser, und unter denen wieder die schweren Sauropoden und die Panzerdinosaurier. Sie zogen daher höchstens mit gemächlichen 20 Stundenkilometern dahin. Sehr viel schneller bewegten sich die auf ihren zwei Hinterbeinen laufenden Raubdinosaurier. Die kleinen flinken Arten erreichten sogar über 50 Stundenkilometer, zumindest für kurze Zeit.

Immerhin ist auch das noch wenig im Vergleich mit heutigen Vögeln und Säugetieren: Ein Strauß stürmt mit über 70 Stundenkilometern davon, und ein Gepard erreicht für einige Sekunden sogar mehr als 100 Stundenkilometer.

Hatten Dinosaurier warmes Blut?

Bis vor einigen Jahren hielt man Dinos für dumme, träge dahinstapfende Monster – viel Panzer, wenig Hirn.

Kleine Raubdinosaurier jagten Insekten und Eidechsen.

Heute weiß man, dank moderner Untersuchungsmethoden: Es gab unter ihnen flinke, wendige Läufer und Jäger mit gefährlichen Waffen, deren Lebensweise und Aussehen eher großen Vögeln ähnelte als etwa

Ausgestorbene Tiere

einem Leguan oder einem Krokodil. Manche waren recht intelligent und anmutig, mit scharfen Sinnen und einem hoch entwickelten Sozialverhalten ausgestattet. Einige Arten lebten in Herden, bauten Nester und kümmerten sich – im Gegensatz zu fast allen Reptilien – um ihre Jungen. All das deutet darauf hin, dass Dinosaurier warmblütig waren.

An jedem Flügel besaß der Urvogel Archäopteryx drei Krallen zum Greifen.

Zumindest große Dinos hatten vermutlich ähnlich hohe Körpertemperaturen wie Säugetiere, weil sie die „Abwärme" ihres normalen Stoffwechsels gar nicht rasch genug abführen konnten. Es ist aber auch möglich, dass bereits Dinosaurier ihre Körpertemperatur ständig auf gleicher Höhe halten konnten, ähnlich wie die Säugetiere und Vögel.

Konnten Dinosaurier fliegen?

Soweit wir heute wissen, konnte sich keiner der typischen Dinos in die Luft erheben, schon gar nicht die massigen Riesen. Es gab allerdings Übergangsformen zwischen kleinen Dinosauriern und Vögeln, vor allem den berühmten Urvogel Archäopteryx. Er besaß noch viele Reptilienmerkmale, aber auch schon eine vogelähnliche Gestalt und ein richtiges Federkleid. Er

Ausgestorbene Tiere

konnte damit zumindest segeln oder über gewisse Entfernungen gleiten, vielleicht aber auch schon fliegen.

Aber wenn auch die Dinosaurier nicht flogen, so hatten doch Verwandte von ihnen längst den Luftraum erobert, nämlich die Flugsaurier. Sie waren besonders leicht gebaut und besaßen keine Federn, sondern zarte, ledrige Flügel. Die größten hatten Flügelspannweiten von mehreren Metern, etwa so viel wie heutige Sportflugzeuge.

Es ist denkbar, dass wir bisher nur die am Wasser lebenden Arten von Flugsauriern kennen, weil nur ihre Überreste im Gewässerschlamm als Fossilien erhalten blieben. Vielleicht gab es noch eine Fülle binnenländischer Arten. Es ist ein großes Glück, dass überhaupt Überreste von Lebewesen über so lange Zeit erhalten blieben und gefunden werden. Die Urzeitforscher rechnen damit, dass wir nur einen Bruchteil aller jemals existierenden Arten überhaupt kennen lernen.

Wie starben die Dinosaurier aus?

Vor 66 Millionen Jahren endete das Dinozeitalter abrupt: Ein gewaltiger Brocken aus dem Weltall, ein Asteroid von rund 10 Kilometern Durchmesser, schlug mit unvorstellbarer Wucht im Gebiet des heutigen Mexiko ein. Er verursachte eine weltweite Flutwelle, gigantische Hitzestürme und Brände und unglaubliche Mengen an Staub und giftigen Gasen, die vermutlich mehrere Monate lang die Erde einhüllten. Der Staub schirmte das Sonnenlicht ab, so dass die grünen Pflanzen starben – mit der Folge, dass Pflanzenfresser und dann

Der Vergleich zwischen Dinosaurier und Mensch zeigt beeindruckend die Größe der Urreptilien: Sauropode links, Tyrannosaurus rechts.

auch die Fleischfresser nicht mehr genügend Futter fanden. Gleichzeitig verwandelten die Giftgase das Meerwasser in eine schwache Säure, die alle Kalkskelette der Kleintiere auflöste und so auch die Meereslebewesen schädigte. Als die Sonne wieder durch die Wolken brach, beschien sie eine von Grund auf veränderte Welt: Der größte Teil aller Tier- und Pflanzenarten einschließlich der Saurier war verschwunden, nur einige kleinere Tiere hatten die Katastrophe überlebt – darunter Vögel, Säuger, Krokodile, Schildkröten, Echsen und Fische. Immerhin begrünten die in der Erde verbliebenen Pflanzensamen die Kontinente bald wieder.

Im Laufe der Erdgeschichte hat es mehrfach Ereignisse gegeben, bei denen ein großer Teil aller damals existierenden Arten innerhalb kurzer Zeit verschwand – in einem Fall sogar über 90 Prozent! Lange war die Ursache rätselhaft. Heute hat man in mehreren Fällen Beweise für Asteroideneinschläge gefunden, die die Entwicklung des irdischen Lebens grundlegend beeinflusst haben.

Leben irgendwo noch Dinosaurier?

Viele Jahre lang hofften manche Menschen, dass irgendwo in unzugänglichen Winkeln der Erde doch noch einige Dinosaurier überlebt hätten – etwa im Amazonas-Urwald in Südamerika, im Kongo-Urwald oder Meeressaurier in den Tiefen der Ozeane. Selbst das sagenhafte „Ungeheuer von Loch Ness" wurde schon als überlebender Schlangenhalssaurier angesehen. Doch es ist sehr unwahrscheinlich, dass wir tatsächlich auf Dinos stoßen. Die Katastrophe, bei der sie ausstarben, war zu gewaltig. Heute kennen wir zudem alle Gebiete so gut, dass zumindest größere Tiere aufgefallen wären.

Es gibt aber tatsächlich echte Nachkommen der Dinos: Die Vögel haben sich, wie man seit einigen Jahren mit Sicherheit weiß, aus kleinen Raubdinos entwickelt. Kaum zu glauben, aber wahr: Spatzen und Wellensittiche sind Verwandte der Riesenechsen und sozusagen ein letzter Gruß aus jener fernen Zeit.

Größenvergleich mit dem Raubdinosaurier Compsognathus

Gemeinsam mit den Dinosauriern starb vor 66 Millionen Jahren eine Tiergruppe aus, deren Reste noch an vielen Stellen im Kalkgestein zu finden sind: die Ammoniten. Sie besaßen spiralig gewundene Gehäuse, manche mit wenigen Millimetern Durchmesser, andere mehrere Meter groß. Sammler lösen die schönen Gehäuse gerne aus dem umgebenden Gestein und stellen sie als Schmuckstücke aus. Die Ammoniten, die diese Gehäuse einst erzeugten und bewohnten, waren entfernte Verwandte unserer Tintenfische. Sie bargen in den Gehäusen ihren weichen Hinterleib. Und den Kopf mit den Fangarmen streckten sie an der Mündung heraus. Sie lebten in flachen Meeren und erbeuteten Kleintiere. Diese Tiergruppe mit Tausenden Arten, die sich in der Form der Gehäuse unterschied, existierte rund 300 Millionen Jahre lang.

Gab es auch riesige Säugetiere?

Als die Saurier ausstarben, gab es schon mehr als 80 Millionen Jahre lang Säugetiere. Aber sie waren klein und unbedeutend. Nach dem Verschwinden der Saurier blühte diese Tiergruppe auf. Innerhalb weniger Millionen Jahren entstand eine Fülle unterschiedlicher Arten, die alle möglichen Lebensräume besiedelten. Einige eroberten sogar das Meer und wurden zu den Vorfahren der Wale. Ein Mitglied dieser Tiergruppe, der Blauwal, ist das größte Säugetier, das je auf der Erde lebte.

Ausgestorbene Tiere

Aber auch auf dem Festland entwickelten sich große Säugetiere. In Asien lebte vor etwa 30 Millionen Jahren ein mehr als 7 Meter hoher, hornloser Verwandter der Nashörner; dieses Indricotherium wurde etwa 30 Tonnen schwer und gilt als größtes Landsäugetier aller Zeiten. Und durch Europa streiften bis vor einigen Jahrtausenden Riesenhirsche, deren gewaltige Geweihe rund 3,50 Meter lang wurden.

Warum sind Mammuts ausgestorben?

Man nimmt heute an, dass mehrere Ursachen gleichzeitig diesen riesigen Pflanzenfressern zusetzten. Die Klimaänderung gehört dazu: Es wurde wärmer, vor allem aber feuchter, so dass die Mammuts oft ein schweres, nasses Fell hatten. Die Wärme weichte auch den zuvor gefrorenen Boden auf; es bildeten sich Moore und Seen, wo vorher nahrungsreiche Weidegründe waren.

Fossiles Mammutskelett

Die Pflanzenwelt veränderte sich und sagte den Kolossen vielleicht nicht mehr zu. Und schließlich jagten die Menschen der Steinzeit die Mammuts mit großem Erfolg. Sie konnten die Dickhäuter zwar nicht mit Pfeil und Bogen abschießen, aber sie fingen die Riesen in Fallgruben.

Alle Umstände zusammen reichten offenbar aus. Ebenso wie andere Eiszeittiere, die Höhlenlöwen, die Höhlenbären und die Wollnashörner, verschwanden die Mammuts von der Erde. Aber bis heute findet man immer wieder tiefgefrorene und daher gut erhaltene Mammutkadaver in Alaska und Sibirien.

Pflanzenleben

Pflanzen müssen, anders als Tiere, stets an Ort und Stelle bleiben. Aber ihre Tricks, mit denen sie sich Nahrung beschaffen und gegen Feinde wehren, sind kaum weniger erstaunlich und interessant als die der Tiere.

Warum haben Pflanzen Dornen?

Damit sie nicht gefressen werden. Für viele Tiere sind Pflanzen das wichtigste Futter. Die Pflanzen haben das natürlich nicht so gern und versuchen sich mit vielen Mitteln gegen Tierfraß zu schützen. Zu ihren wirkungsvollsten „Waffen" gehören dabei spitze Dornen und Stacheln. Sie würden Maul und Zunge eines hungrigen Tieres verletzen. Mitunter sitzen die Dornen an den Zweigen, wie etwa bei der Stachelbeere, der Rose oder beim Weißdorn. Bei den in Afrika wachsenden Schirmakazienbäumen werden sie fingerlang. Stacheln findet man oft an den Blättern, etwa bei der Distel und bei der Stechpalme, an den Früchten wie bei der Kastanie und dem Stechapfel oder an der ganzen Pflanze wie bei den Kakteen und manchen Distelarten.

Wer sich einmal an einer so geschützten Pflanze vergriffen hat, lässt in Zukunft Maul (und Finger) davon. Selbst Dornen helfen nicht in allen Fällen. Kamele und Giraffen haben ein so hartes Maulinneres, dass ihnen die Akaziendornen nichts ausmachen. Auch manche Pflanzenfresser unter den Insekten haben Mittel gefunden, den Schutz zu umgehen.

Wie brennt die Brennnessel?

Einen besonders wirksamen Schutz gegen das Gefressenwerden hat die Brennnessel entwickelt. Die gesamte Pflanze ist von Brennhaaren bedeckt. Sie bestehen aus einem harten, steifen Material und sind mit

Pflanzenleben

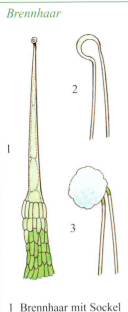

Brennhaar

1 Brennhaar mit Sockel
2 intakte Spitze
3 abgebrochene Spitze

einer giftigen Flüssigkeit gefüllt. Berührt man ein Haar, bricht dessen feine Spitze ab. Zurück bleibt eine scharfe Bruchstelle am Haar, die sich jetzt wie eine Nadel in die Haut bohrt und den giftigen, unter Druck stehenden Inhalt des Haares hineinspritzt. Er ruft das Brennen, das Anschwellen und die Rötung der Haut hervor.

Woraus besteht Erdboden?

Wir trampeln darauf herum, verbauen ihn mit Häusern und Straßen und vergiften ihn bisweilen mit Abfällen. Dabei ist die dünne Schicht fruchtbaren Erdbodens unsere Lebensgrundlage. In ihm sind Gesteinsteile, Abfallstoffe von Pflanzen und Tieren, Luft und Wasser miteinander verbunden, und gerade diese enge Verbindung verleiht ihm die Fruchtbarkeit.

Entstanden ist der Boden durch die Verwitterung von Gestein und die Arbeit von Lebewesen. Zu den Bodenbewohnern gehören größere Tiere wie Maulwürfe, Mäuse, Regenwürmer, Tausendfüßer, Insektenlarven und Springschwänze, vor allem aber Bakterien, Pilze, Strahlenpilze, Hefen und Algen. In einem Quadratmeter Humusboden von nur wenigen Zentimetern Tiefe können mehr als eine Billiarde (eine Million Milliarden) Bakterien leben und eine sehr nützliche Abbautätigkeit verrichten.

Ohne diese Lebewesen wäre längst jedes Leben auf der Erde an Nährstoffmangel eingegangen. Sie sorgen gemeinsam dafür, dass Blätter, Pflanzenreste, Exkremente und Leichen von Tieren sich nicht anhäufen können. Sie zerlegen die Stoffe, aus denen Tiere und Pflanzen bestehen und machen die Nährstoffe frei, die so einer neuen Pflanzengeneration zur Verfügung stehen.

Pflanzenleben

Wofür brauchen Pflanzen Wurzeln?

Zum Beispiel, um sich im Erdboden festzuhalten. Bäume, die einem starken Winddruck standhalten müssen, bilden im Boden ein gewaltiges Wurzelwerk aus.

Noch wichtiger ist eine zweite Aufgabe der Wurzeln: Sie ziehen für die Pflanze Wasser und darin gelöste wichtige Nährsalze aus dem Boden. Dazu verzweigen sie sich bis in feinste, mikroskopisch kleine Wurzelhaare, die bei einer einzigen Pflanze eine Gesamtlänge von Tausenden von Kilometern erreichen können und in alle Hohlräume des Bodens vordringen. Diese Wurzelhaare mit ihren hauchdünnen Wänden saugen die Feuchtigkeit im Boden auf. Röhren führen von dort aus in alle Teile der Pflanze – vor allem in die Blätter.

Eine dritte wichtige Aufgabe der unterirdischen Pflanzenteile ist das Speichern von Nährstoffen, denn sie sind vor manchen hungrigen Tiermäulern und vor allem vor Frost sicherer als oberirdisch wachsende. Daher bilden viele Arten Speicherorgane im Boden. Der Mensch nutzt das vielfach aus und baut solche Pflanzen an, denn manche dieser unterirdischen Nährstoffträger sind wichtige Nahrungsmittel. Dazu zählen Kartoffel, Schwarzwurzeln, Möhren, Rote Bete und Rüben, sowie die in den Tropen wachsenden nahrhaften Knollen Maniok und Süßkartoffel.

Das Wurzelwerk der Bäume nimmt nicht nur Wasser auf, sondern verankert den Baum fest im Boden.

Pflanzenleben

Warum fangen manche Pflanzen Tiere?

Weil sie nur auf diese Weise an bestimmte Nährstoffe herankommen. Vor allem geht es dabei um Verbindungen des chemischen Elements Stickstoff, die jedes Lebewesen für die Eiweißherstellung braucht. In manchen Böden, etwa in Mooren, sind diese Stoffe aber kaum vorhanden. Daher haben einige Pflanzenarten Methoden entwickelt, sie sich aus dem Körper von Tieren zu holen.

Kannenpflanzen besitzen dafür einen Wasserbehälter mit sehr glatten, unbezwingbaren Wänden. Insekten fallen, angelockt durch Nektar oder andere Duftstoffe, hinein, ertrinken und werden dann durch Pflanzensäfte verdaut.

Der Sonnentau, der in unseren heimischen Mooren wächst, hat auf seinen Blättern Stielchen mit klebrigen Flüssigkeitstropfen. Ein angelocktes Insekt klebt fest und wird von Verdauungssäften zersetzt.

Die geschickteste Fängerin ist die Venusfliegenfalle. Ihre Blätter ähneln aufgeklappten Muscheln. Die Blattränder tragen Borsten, im Blattinnern sind feine Fühlhaare. Berührt ein Insekt diese Haare, schnappen die Blätter blitzschnell zusammen.

Kannenpflanze

Warum sind manche Pflanzen giftig?

Weil ein mechanischer Schutz wie Dornen oder Brennhaare allein nicht ausreicht. Manche Pflanzen bilden deshalb Gifte, die hungrigen Mäulern schlecht schmecken, die stinken oder die den Fressfeinden sogar schlecht bekommen.

Pflanzenleben

Gifte sind im Pflanzenreich nicht selten. Meist sind sie aber nur in relativ kleinen Mengen enthalten. Die Fülle von Stoffen, die Pflanzen zur Bildung von Giften einsetzen, ist gewaltig – entsprechend den vielen Feinden, derer sich die Pflanze erwehren muss: Bakterien, Kleinpilze, Insekten, Vögel und Säuger. Manchmal sind alle Teile einer Pflanze giftig, oft steckt das Gift aber nur in der Wurzel oder im Samen.

Nicht alle Gifte sind in solchen Mengen enthalten, dass sie auch einen Menschen töten, aber sie können Unwohlsein, Erbrechen und Krankheiten hervorrufen. Bei unserer heimischen Herkulesstaude oder beim nordamerikanischen Gift-Efeu reicht sogar schon die Berührung der Pflanze, um zu Hautreizungen zu führen. Deshalb sollte man keine Pflanzen in den Mund nehmen, deren Harmlosigkeit man nicht kennt, weder in der Natur noch im Garten.

Herkulesstaude

Auch gegen Konkurrenz wehren sich Pflanzen gerne mit Gift. Der Walnussbaum sondert Stoffe in den Boden ab, die das Wachstum anderer Pflanzen verhindern. Manche Pflanzen aus Trockengebieten, etwa Wermut und Salbei, halten andere Pflanzen durch Abgabe stark duftender Stoffe fern. Und manche Schnittblumen sollte man nicht gemeinsam in eine Vase stellen – Narzissen geben Gifte ab, die andere Blumen welken lassen.

> Nicht alle fraßverhindernden Stoffe in Pflanzen zählen zu den Giften. Einige Pflanzenarten bilden Stoffe, die nur in ganz bestimmten Insekten wirken und ihre körperliche Entwicklung hemmen. Manche dieser „Juvenilhormone" kann man auch künstlich herstellen und als Pflanzenschutzmittel verwenden.

Warum werden Äcker gedüngt?

Pflanzen stellen sich ihre Nahrung selbst her und brauchen dafür Kohlendioxid aus der Luft, Wasser sowie Sonnenlicht. Aber ganz reichen diese Stoffe nicht aus. Pflanzen brauchen auch einige andere Stoffe, wenn auch in weit kleineren Mengen. Es sind vor allem Mineralsalze, die die chemischen Grundstoffe Stickstoff, Phosphor, Calcium, Kalium und Schwefel enthalten. Die Pflanzen holen sich diese Stoffe aus dem Boden. Stirbt die Pflanze später ab, gelangen diese Stoffe wieder in den Boden zurück.

Von einem Acker aber werden durch das Ernten große Mengen Pflanzenteile entfernt. Der Boden verliert also ständig Mineralstoffe. Die Folge: Seine Fruchtbarkeit nimmt immer mehr ab, die Pflanzen können dort also schlechter wachsen.

Um ein ungestörtes Pflanzenwachstum und damit gute Ernten zu erreichen, muss man daher düngen, also die fehlenden Pflanzennährstoffe im Boden ersetzen. Das kann man zum Beispiel mit Tierausscheidungen wie Jauche machen. Denn darin findet sich ein großer Teil der Mineralstoffe, die die Tiere beim Fressen von Pflanzen aufgenommen haben. Heute düngt man zusätzlich mit Handelsdüngern. Das sind künstlich hergestellte Stoffe, die die nötigen Mineralstoffe in der richtigen Menge enthalten. Weil die Kulturpflanzen dem Boden verschiedene Mengen der einzelnen Mineralstoffe entnehmen, kann der Landwirt damit den Boden optimal versorgen.

Besonders knapp sind in der Natur Verbindungen des chemischen Elements Stickstoff. Zwar besteht die Luft zum größten Teil aus Stickstoff, den können die Pflanzen jedoch nicht binden. Manche Arten wie Erbsen, Bohnen und Lupinen beherbergen aber in ihren Wurzeln spezielle Bakterien, die diesen Trick vollbringen. Seit etwa Hundert Jahren gibt es chemische Fabriken, die in riesigen Mengen Luftstickstoff in Stickstoffdünger verwandeln. Seither sind die Ernteerträge mächtig gestiegen und die früher üblichen Hungersnöte sind bei uns verschwunden.

Kräuter, Blumen, Pilze

Ohne grüne Pflanzen gäbe es kein höheres Leben auf der Erde. Sie erzeugen den fürs Atmen nötigen Sauerstoff, und sie bilden Stoffe, von denen sich viele Tierarten ernähren – einschließlich des Menschen.

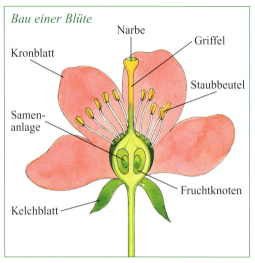

Bau einer Blüte — Narbe, Griffel, Kronblatt, Staubbeutel, Samenanlage, Fruchtknoten, Kelchblatt

Warum haben Pflanzen Blüten?

Jedenfalls nicht um uns zu erfreuen. Zielgruppe für Blütenfarben und -düfte sind vor allem Insekten. Blüten sind die Geschlechtsorgane der Pflanzen, mit denen sie Samen erzeugen und sich fortpflanzen.

Meist liegen die weiblichen und männlichen Fortpflanzungsorgane in einer Pflanze zusammen, manchmal sogar innerhalb jeder Blüte nebeneinander. Die männlichen Blütenteile, die Staubbeutel, produzieren Blütenstaub, auch Pollen genannt. Das weibliche Blütenteil ist der Stempel. Er besteht aus Narbe, Griffel und Fruchtknoten. Gerät Blütenstaub der richtigen Art auf die feuchte, klebrige Narbe, so „befruchtet" er sie. Innerhalb einiger Wochen bildet sich eine Frucht, und diese enthält die Samen. Sie werden vom Wind verweht oder von Tieren verbreitet, die die Früchte fressen. Kommt ein Samen in geeigneten Boden, keimt eine neue Pflanze.

Blüten sind für Pflanzen sehr wichtig. Daher schützen sie die Blüten möglichst gut. Viele Tagblüher zum Beispiel schließen ihre Blüten abends und bei schlechtem Wetter, damit die empfindlichen Teile nicht beschädigt werden. Bei gutem Wetter strecken sie sie andererseits möglichst sichtbar empor. Sonnenblumen führen ihre Blütenstände tagsüber sogar der Sonne nach, damit sie immer schön hell und warm sind.

Gibt es auch Pflanzen ohne Blüten?

Durchaus, sie sind die ursprünglicheren Pflanzenformen, die sich in der Erdgeschichte lange vor den Blütenpflanzen entwickelt haben. Zu ihnen zählen die Moose, die Farne, Schachtelhalme und Bärlappe, die im Wasser oder an feuchten Stellen lebenden Algen und das riesige Reich der Pilze. Sie bilden zur Fortpflanzung Sporen. Das sind winzige Körnchen, die das Erbgut der Pflanze enthalten. Laubmoose, wie man sie vielfach im Wald findet, bilden meist winzige Kapseln an Stielen, in denen die Sporen entstehen. Farne dagegen entwickeln ihre Sporen in kleinen braunen Flecken an den Blattunterseiten.

Moossporenkapseln

Sporen enthalten so gut wie keine Nahrungsreserven. Deshalb können sie nur an Stellen keimen, an denen die Wachstumsbedingungen von Anfang an besonders günstig sind. Die Pflanzen produzieren daher riesige Mengen an Sporen und verstreuen sie, damit wenigstens einige aufgehen.

Warum gibt es im Garten so viele Blumensorten?

Weil die Gärtner so fleißig sind. Seit Jahrhunderten bemühen sie sich, möglichst viele schöne Blumen aus allen Erdteilen nach Europa zu bringen und hier zu züchten. Fast alle berühmten Gartenblumen – Rosen, Tulpen, Nelken, Lilien, Astern, Dahlien, Hyazinthen und Hunderte mehr – stammen aus anderen Ländern.

Aber die natürliche Blütenschönheit genügte den Gärtnern nicht: Sie halfen der Natur vielfach nach. Es kommt zum Beispiel vor, dass unter Tausenden von normalen Rosen eine Pflanze auftaucht, bei der alle Blütenteile in vielfacher Zahl vorliegen.

 Kräuter, Blumen, Pilze

Oder eine, bei der die an sich grünen Kelchblätter wie Blütenblätter gefärbt und vergrößert sind. Pflanzenzüchter haben seit alters her solche umgestalteten Pflanzen zur Weiterzucht verwendet. So sind die vielen Blumensorten mit gefüllten Blüten entstanden.

Sie haben auch oft unterschiedlich farbige Pflanzen einer Art zu „kreuzen" versucht – zum Beispiel Blütenstaub einer gelben Tulpe auf die Narbe einer roten Tulpenblüte zu bringen. Wenn man dieses Experiment an tausend oder zehntausend Tulpen ausführt, hat man vielleicht eine Tulpe dabei, die in ihrer Blüte Rot und Gelb vereinigt. Durch solche Tricks sind im Laufe vieler Jahre die Abertausenden von Blumensorten entstanden, die man heute kaufen kann.

Warum sind Blüten farbig?

Reine Reklame zum Anlocken von Besuchern. Weil Pflanzen nicht umherlaufen können, müssen sie dafür sorgen, dass Blütenstaub, der Pollen, von einer Pflanze zur Narbe einer anderen Pflanze der gleichen Art gelangt.

Vor einigen Hundert Millionen Jahren wurden die Pollen der Pflanzen ausschließlich durch den Wind verbreitet. Heute nutzen nur die Gräser und fast alle Bäume diese Windbestäubung. Diese Pflanzen müssen deshalb Unmengen Blütenstaub herstellen, damit wenigstens ein bisschen davon sicher auf der Narbe einer anderen Blüte landet.

Viele Blütenpflanzen aber haben „Fuhrunternehmer" für ihre Pollen gefunden, vor allem Insekten – in den Tropen mitunter auch Vögel und Fledermäuse. Speziell für sie bieten die Blüten Zuckersaft, den Nektar, an. Bienen, Hummeln, Schmetterlinge und Fliegen summen deshalb eifrig Nektar tankend oder Pollen sammelnd von Blüte zu Blüte, besuchen Hunderte an einem Tag und sind damit die idealen Pollen-Postboten.

Kräuter, Blumen, Pilze

Die Pflanzen sind daher an diesen Insekten interessiert und treiben viel Aufwand, um sie anzulocken. Sie umgeben die Geschlechtsorgane der Blüten mit auffälligen, farbigen Blütenblättern. Manche Blüten erzeugen starken Duft, der die Insekten selbst im Dunkeln zur Blüte lockt.

> Dolden- und Korbblütler haben viele kleine Blüten zu großen Blütenständen vereinigt. Sonnenblume, Löwenzahn und Gänseblümchen zum Beispiel haben Dutzende relativ kleiner gelber Blüten zusammengesetzt. Damit sie auffallen, sind sie von einem Kranz farbiger Blütenblätter umgeben. Dieser Aufwand kommt all den kleinen Blüten zugute. Die angelockten Insekten wandern von Einzelblüte zu Einzelblüte und übertragen Pollen. Dadurch trägt jede Blüte später einen Samen.

Warum bildet der Löwenzahn Fallschirme?

Weil er seine Samen über eine möglichst weite Fläche verteilen möchte und dafür den Wind zu Hilfe nimmt. Jeweils ein solcher Samen hängt nämlich an dem kleinen Fallschirm der „Pusteblume" und wird so von einem Windstoß hochgewirbelt und mitunter kilometerweit getragen. Fällt er auf fruchtbaren Boden, entwickelt sich daraus eine neue Löwenzahnpflanze. Auch Distel, Waldrebe und Ahorn nutzen den Wind zum Samentransport.

Andere Pflanzen verlassen sich auf Tiere. Sie statten ihre Früchte oder Samen mit Häkchen aus, die sich im Fell vorbeistreifender Tiere festhängen und erst nach Tagen abfallen.

Oder sie umgeben die Samen mit wohlschmeckendem, nahrhaftem Fruchtfleisch, damit sie von Vögeln oder Säugern gefressen und weit entfernt wieder ausgeschieden werden. So machen das viele Beerensträucher, Nussbäume, Apfel-, Kirsch- und Birnenbäume sowie Misteln. Ihre Samen sind von einer festen Hülle umgeben, so dass ihnen die Reise durch den Tierdarm nichts ausmacht.

Kräuter, Blumen, Pilze

Einige Pflanzenarten schleudern ihre Samen aus eigener Kraft hinaus. Die reifen Kapseln des Springkrauts etwa rollen sich bei Berührung blitzschnell auf und schießen die schwarzen Samenkörnchen über einen Meter weit. Und die im Mittelmeergebiet heimische Spritzgurke jagt ihren Samen mit einem Flüssigkeitsstrahl sogar über 12 Meter weit.

Warum gibt es so viele Blütenformen?

Vor allem, weil es so viele verschiedene Blüten bestäubende Insekten gibt. Viele Blüten haben sich jeweils auf eine bestimmte Art von Bestäubern spezialisiert, da die Blüte nicht irgendeinen Blütenstaub braucht, sondern nur von Pollen der gleichen Art befruchtet werden kann. Den trägt das Insekt aber mit umso höherer Wahrscheinlichkeit, je mehr es auf die Blüten dieser Pflanze spezialisiert ist. Am Bau der Blüte kann ein Fachmann recht genau ablesen, welches Tier als Bestäuber in Frage kommt. Blüten, die von Schmetterlingen bestäubt werden, verstecken ihren Nektar oft in einer langen dünnen Röhre, aus der nur Falter mit ihren langen Rüsseln saugen können. Wenn die Blüte zudem hell oder weiß ist, stark duftet, sich abends öffnet und keinen Landeplatz besitzt, wird der Bestäuber ein Nachtfalter sein. Denn Nachtfalter schweben vor der Blüte in der Luft, während sie durch ihren Rüssel den Nektar saugen. Mit Farben kann man sie im Dunkeln doch nicht locken, dafür aber haben sie empfindliche Riechorgane.

Manche Pflanzen legen mehr Wert auf Insektenvielfalt. Ihre Blüten sind so gebaut, dass jedes Insekt an den Nektar

Glockenblume

Dolde des Holunders

Zusammengesetzte Blüte eines Löwenzahns

Kräuter, Blumen, Pilze

herankommt. Selbst wenn es, wie Fliegen, nur einen kurzen Saugrüssel besitzt. Auf solchen Blüten – zum Beispiel von Schneeball, Holunder oder den weißen Doldenblüten am Wegrand – findet sich in der Regel eine gemischte Versammlung aus verschiedenen Insekten wie Fliegen, Schwebfliegen, Wespen und Käfern ein.

Warum blühen manche Waldblumen schon früh im Jahr?

Buschwindröschen und Scharbockskraut, Veilchen und Schlüsselblume, Immergrün und Seidelbast sprießen schon im zeitigen Frühjahr durch die Laubschicht des Buchen- oder Eichenwaldes und schieben ihre bunten Blüten heraus. Sie nutzen die Zeit aus, wenn es schon warm genug ist für erste Blüten besuchende Insekten, aber die Bäume ihre Blätter noch nicht ausgebildet haben. Später, unter dem entfalteten Blätterdach, wird es für viele Pflanzen im Wald zu dunkel. Also nutzen sie die kurzen Wochen, blühen, erzeugen Samen und speichern zudem möglichst viele Nährstoffe in ihrer Wurzel, die vielfach zu einer Knolle verdickt ist. Wenn sich das Laubdach dann schließt, haben sie ihr Jahrespensum schon beendet und ziehen sich zurück. Nun blühen im dichten Wald nur noch Arten, die mit wenig Licht auskommen, etwa der Waldmeister oder die Schattenblume.

Buschwindröschen

Manche Blüten werden geradezu riesig. Als größte Blüte gilt die der Schmarotzerlilie (Rafflesia), die in Südostasien wächst. Der braun-orange und weiß gefleckte Blütenkelch hat einen Durchmesser von über einem Meter und wiegt fast 5 Kilogramm.

Kräuter, Blumen, Pilze

Warum wachsen Pflanzen zum Licht?

Weil sie ohne Licht nicht leben können. Sie brauchen bestimmte Stoffe, die ihre Lebensfunktionen erhalten, und solche, aus denen sie Wurzeln, Blätter, Blüten und Früchte aufbauen. Diese Stoffe stellen sie her aus Wasser, Luft – und Licht. Diesen „Fabrikationsvorgang" nennt man Photosynthese. Sie läuft in den Blättern ab. Dabei gleicht jedes Blatt einer kleinen Chemiefabrik, und der wichtigste Bestandteil darin ist das Blattgrün, auch „Chlorophyll" genannt. Es fängt die Sonnenenergie ein und macht sie den Pflanzen nutzbar.

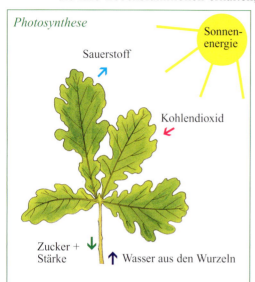

Pflanzen bilden aus Wasser und Kohlendioxid mithilfe der Sonnenenergie Zucker und den für Mensch und Tier wichtigen Sauerstoff.

Mithilfe der Energie des Sonnenlichts wird in den Blättern aus Wasser sowie dem Gas Kohlendioxid aus der Luft Traubenzucker erzeugt. Aus ihm stellt die Pflanze dann wiederum alle für sie nötigen Stoffe her – etwa den Baustoff Cellulose, die Stärke als Nahrungsreserve, Farb-, Duft- und Geschmacksstoffe und viele andere. Bei der Traubenzuckerherstellung entsteht als Nebenprodukt das Gas Sauerstoff. Die Pflanze gibt es an die Luft ab – und das ist gut, denn Mensch und Tier brauchen Sauerstoff zum Atmen.

Warum haben Pilze Hüte?

Die meisten Leute, die man nach dem Aussehen von Pilzen fragt, beschreiben Hüte auf Stielen. Doch das ist aus gleich zwei Gründen falsch: Erstens bestehen Pilze in Wirklichkeit aus feinen weißen Fäden, den „Hyphen". Meist bilden sie in der Erde oder in Holz ein dichtes Geflecht, das man „Mycel" nennt. Die „Hüte" sind nur die Fruchtkörper

Kräuter, Blumen, Pilze

der Pilze. Mit ihnen bilden sie Sporen, aus denen dann neue Pilzfäden keimen. Und zweitens bildet nur eine kleine Minderheit von Pilzen hutförmige Fruchtkörper. Es gibt im Gegenteil eine fast unendliche Formenfülle bei den Sporenträgern im Reich der Pilze. Boviste und Trüffeln bilden Kugeln, in den die Sporen reifen, andere Pilze produzieren Gebilde, die wie Korallen, Ohren oder Scheiben aussehen. Nur knapp 200 der über 100 000 bekannten Pilzarten sind Speisepilze, und nur einige Tausend bilden große bunte Fruchtkörper.

Die Fruchtkörper der großen Pilze sind wertvolle Nahrungsmittel. Doch wer Pilze sammelt, sollte sich sehr genau auskennen. Längst nicht jede Art ist essbar, und einige enthalten wirksame Gifte. Besonders gefährlich ist, dass gerade einige der giftigsten Arten beliebten Speisepilzen recht ähnlich sehen.

Was sind die grauen oder bunten Flecken auf Steinen?

Flechten bestehen aus einer Alge und einem Pilz.

Eine höchst seltsame Art von Pflanze. Man nennt sie Flechten, und genau genommen sind es jeweils zwei Lebewesen. In jeder Flechte leben nämlich ein Pilz und eine Alge zusammen. Diese „Ehe" hat für beide Vorteile: Der Pilz schützt die Alge vor dem Austrocknen und liefert ihr vermutlich Nährstoffe, die er aus dem Untergrund löst. Und die Alge versorgt den Pilz mit den Produkten, die sie als grüne Pflanze im Sonnenlicht

Kräuter, Blumen, Pilze

aus Luft und Wasser herstellt, was der Pilz alleine mangels Blattgrün nicht kann. Man nennt so ein Zusammenleben mit gegenseitigem Nutzen „Symbiose".

Dank dieser Zusammenarbeit können Flechten Lebensräume besiedeln, wo weder Pilz noch Alge für sich leben könnten. Es gibt immerhin rund 20 000 Arten. Manche feuchtigkeitliebenden Arten bilden dichte Vorhänge an Bäumen, andere krause Gebilde oder kleine Pflänzchen, und die robustesten Flechten besiedeln Felsen und stellen nur dünne farbige Überzüge dar.

Savannen sind große Grassteppen in Afrika.

Warum gibt es so weite Grasgebiete?

Rund ein Drittel des Festlandes ist von Gräsern bedeckt. Sie wachsen fast überall, von den kühlen Polargebieten bis in tropische Regionen, vom gepflegten Rasen bis zur wilden Blumenwiese. Man kennt etwa 10 000 Arten und dazu viele Zuchtsorten, nicht zuletzt die Getreidearten.

Gräser kommen mit wenig Wasser aus. Sie haben große, zum Teil sehr tief in den Boden reichende Wurzeln, in denen sie die Nährstoffe

> An einer 50 Zentimeter großen Winterroggenpflanze hat man einmal die Länge der Wurzeln genau vermessen. Das Ergebnis war verblüffend: Die Hauptwurzeln waren zusammen etwa 600 Kilometer lang. Die winzigen, daran sitzenden Wurzelhaare addierten sich sogar zu einer Gesamtlänge von rund 10 000 Kilometern. Und das an einer einzigen Pflanze!

Kräuter, Blumen, Pilze

speichern. Während wasserarmer Zeiten können die oberirdischen Teile problemlos vertrocknen; in den Wurzeln steckt genügend Kraft, um bei etwas Wasserzufuhr sofort neu auszutreiben. Gräser bilden Samen, die schnell auskeimen können, oder vermehren sich durch seitliche Sprosse. Viele Tierarten haben sich an die weiten Graslandschaften angepasst und nutzen sie als Nahrungsquelle und Lebensraum. Bisons ziehen weidend über die Prärien in Nordamerika. Zebras, Antilopen und Gazellen bilden in Afrika große Herden und finden in den Savannen eine ausreichende Nahrungsgrundlage. Und diese Pflanzenfresser sind ihrerseits Beutetiere für Fleischfresser, wie Löwen und Hyänen.

Blüht auch Gras?

Auch Gras blüht, allerdings sind die Blüten klein und unscheinbar, weil sie durch den Wind bestäubt werden. Denn wenn nicht Insekten, sondern der Wind den Blütenstaub transportieren soll, sind Größe, Farben und Duft der Blüten unwichtig.

Meist stehen mehrere Grasblüten in Ähren oder Rispen beieinander. Blütenblätter gibt es nicht, dafür werden die Blüten von festen, dünnen Blättchen, den Spelzen, umhüllt. Sie schützen deren empfindliche Teile, die zarten Staubgefäße und die federfeinen Narben. Meist geben die Spelzen die Blütenteile nur kurze Zeit frei, höchstens eine Stunde insgesamt. Das reicht aus, weil Gräser meist in großer Zahl zusammenstehen. Manche Gräser bestäuben sich auch selbst; ihre Blüten öffnen sich gar nicht. Das gilt für unsere Getreidesorten.

Die Samen der Gräser sind klein und leicht, damit sie durch den Wind verweht werden. Vielfach helfen allerdings auch Tiere wie Hamster und Vögel – und nicht zuletzt der Mensch.

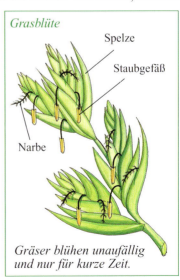

Grasblüte
Spelze
Staubgefäß
Narbe

Gräser blühen unauffällig und nur für kurze Zeit.

Kräuter, Blumen, Pilze

Alle Getreidearten wurden schon vor Jahrtausenden aus Wildgräsern gezüchtet. Heute sind Weizen, Gerste, Roggen, Hafer, Reis, Mais und Hirse die wichtigste Nahrungsgrundlage der Weltbevölkerung. Durch die Zucht veränderte sich ihr Erbgut: Die Körner wurden größer, die Ähren voller, und außerdem bleiben die reifen Samen an der Pflanze fest sitzen. Andernfalls würden sie bei der Ernte rasch verloren gehen. Daher könnten allerdings diese Kultursorten in freier Natur ohne den Menschen gar nicht überleben.

Was ist Schimmel?

Die samtigen, graugrünen Überzüge, die man auf altem Brot und Obst bisweilen findet, gehören ins Reich der Pilze. Die weitaus meisten Pilze sind nämlich winzig klein, man erkennt sie nur an farbigen Flecken, die sie auf Pflanzen oder Holz erzeugen oder eben als Schimmel. Sie alle bestehen aus feinen Pilzfäden.

Wir Menschen nutzen die Fähigkeiten der Kleinpilze in vielfältiger Weise: Viele Antibiotika, wie Penicillin, die schwere Krankheiten heilen können, stammen von bestimmten Schimmelpilzen.

Die ebenfalls zu den Kleinpilzen zählenden Hefen erzeugen Wein, Bier und helfen auch bei der Brotbereitung. Der pikante Geschmack des französischen Roquefort-Käses mit seinem blauen Schimmelgeflecht wird von einem Kleinpilz bewirkt. Andererseits stellen manche Kleinpilze sehr giftige Stoffe her, deshalb darf man verschimmelte Nahrungsmittel oder muffig schmeckende Walnüsse, Erdnüsse oder Pistazien auf keinen Fall essen.

Schimmel auf Lebensmitteln kann giftig sein.

Bäume und Büsche

Wir verdanken Bäumen Holz und Papier, Äpfel und Birnen, Hasel- und Kokosnüsse, Kakao, Zimt und Gummi und noch viele weitere Produkte. Bäume sind ganz erstaunliche Lebewesen – zu ihnen zählen zum Beispiel auch die ältesten und die größten Pflanzen der Erde.

Welche Bäume wachsen am höchsten?

Den Höhenrekord halten wohl die Eukalyptusbäume in Australien, die über 130 Meter erreichen – mehr als die meisten Kirchtürme. Die größten und gleichzeitig schwersten Lebewesen der Erde aber sind die amerikanischen Riesenmammutbäume, die in Kalifornien an der Küste des Pazifischen Ozeans wachsen. Sie ragen bis zu 120 Meter hoch in den Himmel.

Der zurzeit schwerste dieser Mammutbäume hat schon in Augenhöhe einen Stammumfang von 30 Metern; sein Wipfel ist 83 Meter hoch. Insgesamt wiegt er mit beachtlichen 2 Millionen Kilogramm so viel wie 20 große Lastwagen oder 10 bis 15 Blauwale! Dabei ist der Samen, aus dem sich der Baum entwickelt, winzig klein und leicht – erst 200 solcher Samen wiegen zusammen 1 Gramm. In den etwa 3 000 Jahren, bis ein solcher Riese ausgewachsen ist, hat sich sein Gewicht um das 1300-milliardenfache gesteigert!

> Als ältester Baum der Erde gilt zurzeit ein kalifornischer Mammutbaum, der vor rund 6 200 Jahren gekeimt hat. Er war also schon alt, als der Eismann Ötzi lebte, und sehr alt, als in Ägypten die Pyramiden gebaut wurden. Ältester Baum in Deutschland ist eine große Eibe im Allgäu, die dort seit über 2 000 Jahren wächst.

Bäume und Büsche

Warum werden Früchte bunt?

So seltsam es klingt: Weil sie von zum Beispiel Vögeln gesehen und gegessen werden sollen.

Bäume als ortsfeste Wesen haben nämlich ein großes Problem: Sie möchten für Nachkommen sorgen und bilden daher Samen, aus denen neue Bäume wachsen können. Lassen sie ihre reifen Samen aber einfach fallen, wachsen neue Bäume höchstens unter ihrer Krone. Damit haben die jungen Bäume schlechte Wachstumschancen und konkurrieren zudem noch mit ihrem Mutterbaum um Wasser und Licht. Besser ist es, wenn die Samen über eine gewisse Entfernung transportiert werden. Damit Tiere die Samen der Bäume verbreiten, bilden sie meist lecker schmeckende Früchte als Lockmittel. Es ist daher auch kein Zufall, dass unreife Äpfel, Birnen oder Kirschen unauffällig grün sind und sich reife dagegen leuchtend rot oder gelb aus dem Blattgewirr hervorheben: Sie müssen ja auffallen, um ihren Zweck zu erfüllen.

Rote Früchte locken Vögel an.

Besonders Vögel sind natürlich wegen ihrer Flügel exzellente Partner für Bäume und werden entsprechend umworben. Vielfach fressen sie die Früchte und scheiden die Samen mit dem Kot weit entfernt wieder aus. Vögel brauchen für das anstrengende Fliegen vor allem „Brennstoffe" wie Zucker oder Fett – nicht zuletzt deshalb schmecken viele Früchte süß oder sind, wie Eicheln und Bucheckern, reich an Fetten und Ölen.

Warum produzieren viele Bäume riesige Mengen an Früchten?

In der freien Natur gibt es für die Früchte viele Interessenten. Nagetiere und Vögel verschleppen Eicheln, Kastanien und Bucheckern gerne als Winterfutter in ihre unterirdischen Vorratsräume. Waldtiere wie Wildschweine fressen zum Beispiel Eicheln in großen Mengen.

Bäume und Büsche

Ähnlich geht es den anderen Früchten. Ein großer Teil wird gefressen oder bleibt in nächster Nähe des Mutterbaums liegen, wo die Samen kaum Wachstumschancen haben. Daher entwickelt sich nur ein winziger Bruchteil der vielen Früchte, die ein Baum im Laufe seines Lebens erzeugt, tatsächlich zu einer neuen Pflanze. Ob der Trieb dann die ersten Jahre übersteht, ist ebenfalls fraglich angesichts vieler hungriger Tiermäuler, die gerne frisches Grün knabbern. Und auf den ausgewachsenen Baum warten vielleicht Insektenfraß, Fäulnispilze, Salzstreu, Blitzschlag, Orkane, eine langjährige Dürre oder ein schneereicher Winter, um ihn zu Boden zu zwingen – oder die knatternde Motorsäge eines Waldarbeiters.

Was sind Jahresringe?

Jahresringe nennt man die feinen Ringe im Holz, die man an einem durchgesägten Stamm gut erkennen kann. Sie entstehen beim Wachsen des Baumes, und man kann daher an ihnen sein Alter ermitteln.

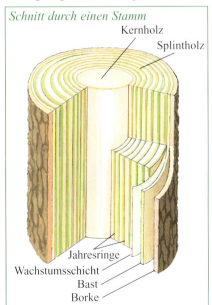

Schnitt durch einen Stamm
Kernholz
Splintholz
Jahresringe
Wachstumsschicht
Bast
Borke

Jedes Jahr legt der Baum neue Holzschichten an, die sich wie ein Mantel um die alte legen und im Querschnitt als Ring erscheinen. Der Baum wächst am Stamm also nur in die Breite. Im Frühjahr kommt es ihm vor allem darauf an, die Blätter mit möglichst viel Wasser zu versorgen. Die im Frühling wachsende Holzschicht enthält daher besonders viele und weite Wasserröhren. Zum Herbst hin sinkt der Wasserbedarf der Blätter, dafür ist aber Stabilität des Holzes gefragt – immerhin steht die Zeit der Stürme und

Bäume und Büsche

Schneelasten bevor. Daher sind die Röhren in der Herbst-Holzschicht enger, aber dafür hat sich hier mehr festigende Holzsubstanz gebildet.

Mit einer Lupe kann man diesen Unterschied gut sehen: Von der Mitte nach außen folgt immer eine hellere und eine dunklere Schicht aufeinander, so dass die Mitte des Stamms von vielen Kreisen umgeben ist. Zählt man die dunklen Ringe von der Mitte bis außen, kennt man das Alter des Baums.

> Je dichter Jahresringe aufeinander folgen, desto langsamer ist der Baum gewachsen. Man kann daher an den Ringen nicht nur das Alter des Baumes, sondern auch die Wachstumsbedingungen ablesen und so auf das Klima früherer Jahrhunderte schließen.

Warum haben manche Bäume Nadeln?

Fichtenwald

Weil sie dadurch besser mit Trockenheit und Kälte fertig werden als Laubbäume. Nadeln sind frostfest, können daher im Winter am Baum bleiben und schon im zeitigen Frühjahr mit der Photosynthese beginnen. Nadelbäume haben deshalb immer dort bessere Chancen, wo die Temperaturen niedrig oder die Sommer kurz sind – also in den Höhenlagen der Gebirge und in den kalten nördlichen und südlichen Zonen der Erde. So zieht sich von Skandinavien über Nordrussland, Sibirien bis nach Kanada ein gewaltiger dichter Nadelwaldgürtel, die Taiga. Allein in Sibiriens riesigen Wäldern steht ein Fünftel aller Bäume der Erde. Sie müssen unwirtlichen Verhältnissen trotzen: Temperaturen zwischen minus 60 Grad im Winter und plus 40 Grad im kurzen Sommer; nur 60 Tage im Jahr sind in diesen Gebieten frostfrei. Der Bau eines Nadelbaums kommt diesen Verhältnissen entgegen: Die Zweige sind – anders als bei Laubbäumen – eher nach unten geneigt und biegsam, so dass Schnee abrutscht, statt den Baum zu brechen.

Bäume und Büsche

> In der Natur gibt es keine Regel ohne Ausnahme. So verliert die Lärche ihre Nadeln im Herbst. Dafür gibt es Laubbäume, die ihre Blätter behalten, die so genannten Hartlaubgewächse, zu denen der Efeu und die Stechpalme gehören. Sie haben ihre Blätter mit einer dicken Schicht gegen zu viel Wasserverdunstung geschützt.

Wie kommt das Wasser in die Baumkrone?

Bekanntlich müssen auch Bäume trinken, denn sie erzeugen aus Wasser und Luft mithilfe des Sonnenlichts in den Blättern wichtige Bau- und Nährstoffe. Das Wasser nehmen sie über die Wurzeln aus dem Boden auf. Es fließt in feinsten Leitungsröhren, die rund um den Stamm unter der Rinde liegen, nach oben.

Die treibende Kraft, die die Wassermengen bis in die höchsten Wipfel transportiert, ist die Verdunstung in den Blättern. Wenn in der Baumkrone Wasser verdampft, zieht es weiteres Wasser empor, weil die Wasserteilchen wie Perlen einer Kette aneinander hängen.

Das funktioniert jedoch nur, wenn Wasser verdunstet, da nur dann die nötige Saugkraft entsteht. Die feine Wassersäule darf dabei nie abreißen. Eine Beschädigung der Röhren ist für den Baum daher lebensbedrohend, denn wenn Luft eindringt, ist der Wassertransport unterbrochen. Deshalb schützen sich Bäume mit dicker Rinde und Borke.

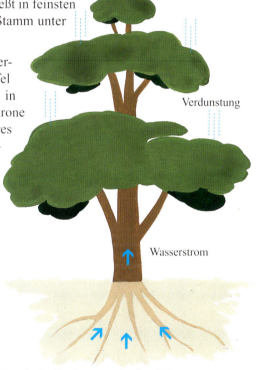

Durch die Verdunstung in den Blättern strömt das Wasser in die Krone.

Bäume und Büsche

Die Höhe eines frei stehenden hohen Baums kann man leicht aus seiner Schattenlänge messen. Man vergleicht sie mit der Schattenlänge eines daneben in die Erde gesteckten Stabs. Dann multipliziert man die Länge des Stabs mit der Länge des Baumschattens und teilt das Ergebnis durch die Länge des Stabschattens, alles in Metern. Das Ergebnis ist die Höhe des Baums.

Warum werfen Bäume ihre Blätter ab?

Die Blätter der Bäume stellen einerseits im Sonnenlicht durch die Photosynthese Nährstoffe her. Andererseits verdunstet über ihre Oberfläche eine große Menge an Wasser. Im Winter, wenn das Wasser im Boden gefroren ist, können die Wurzeln nicht genug Wasser aufnehmen. Daher können Laubbäume den Winter bei uns nur überstehen, wenn sie vorher ihre Blätter abwerfen – andernfalls würden sie verdursten. Den jährlichen Verlust an Nährstoffen durch den Laubfall kann sich ein Baum nur in Gebieten leisten, wo die Sommer genügend lang und warm sind.

Herbstlaub

Warum verfärbt sich das Herbstlaub?

Weil Bäume sparsam sind. Bevor sie im Herbst all ihre Blätterpracht abwerfen, entziehen sie den Blättern die wirklich wichtigen Bestandteile und speichern sie fürs nächste Jahr. Wichtig sind Stoffe, die die Bäume nicht durch Photosynthese selbst herstellen können. Das sind zum Beispiel bestimmte chemische Elemente wie das Magnesium, das im Blattgrün enthalten ist. Das Blattgrün wird dazu abgebaut, daher verschwindet die grüne Farbe aus den Blättern.

Den eigentlichen Baustoff des Blattes, die Cellulose, sowie einige im Blatt enthaltene gelbe und rote Farbstoffe dagegen kann der Baum im

Bäume und Büsche

nächsten Frühjahr leicht wieder erzeugen. Genau genommen färbt sich das Blatt im Herbst also nicht gelb, sondern es entfärbt sich. Das Grün wird abgebaut und verschwindet, dadurch wird das Gelb und Rot sichtbar.

An schönen, sonnigen Herbsttagen leuchten Laubbäume in einer bunten Farbenpracht.

Was sind die gelben Wolken, die aus Nadelbäumen kommen?

Die gelben Wolken bestehen aus Pollen. Nadelbäume und auch Haselsträucher schicken ab März ganze Wolken von diesem gelben Blütenstaub übers Land, um ihre Pollen zu verbreiten. Da ein Großteil der Pollen verloren geht, müssen diese Windblütler gigantische Pollenmengen verstreuen. Ein einziger Kiefernast bildet 350 Millionen Pollenkörner pro Jahr! Der Wind weht die leichten Körnchen über Hunderte von Kilometern davon. Sogar 6 000 Meter über dem Boden hat man noch Pollenkörner gefunden – das entspricht der Reiseflughöhe moderner Jets.

Manche Menschen reagieren überempfindlich auf Pollen und bekommen Schnupfen, Niesreiz oder sogar Atemnot davon. Man nennt diese Krankheit Pollen-Allergie.

Bäume und Büsche

Was ist ein Tannenzapfen?

Zapfen sind die Fortpflanzungsorgane der Tanne. Was man allerdings meist in unseren Nadelwäldern findet, sind keine Tannenzapfen, sondern vertrocknete weibliche Zapfen der Fichte oder Kiefer. Tannen sind bei uns eher selten. Fast jede Art von Nadelbäumen trägt Zapfen. Man kann sie an deren Form sehr gut unterscheiden.

Zapfen sind eine besondere Form von Blüten. Meist findet man am gleichen Baum männliche und weibliche Zapfen. Die männlichen Zapfen leuchten oft gelb oder rot. Sie sind kleiner als die weiblichen Zapfen und geben große Mengen von Blütenstaub ab. Die weiblichen Zapfen sind zunächst relativ klein und grün, aber schon schuppig. Vor der Bestäubung öffnen sie ihre Schuppen weit, um heran gewehten Blütenstaub hineinzulassen. Werden die weiblichen Zapfen befruchtet, können sich Samen bilden. Die Zapfen schließen sich zunächst und wachsen. Bei der Kiefer dauert das rund 3 Jahre; dann sind die Samen reif.

Der Zapfen verändert sich während der Reife: Er wird braun und holzig. Besonders bei trockenem Wetter spreizen sich die Schuppen vieler Arten weit, so dass die feinen, leichten Samen herausfallen und vom Wind davon getragen werden können. Schließlich fallen die Zapfen ab.

Fichte	*Weißtanne*	*Kiefer*	*Lärche*

Bäume und Büsche

> Nadelbäume sind die für uns wichtigsten Bäume. Sie liefern über 70 Prozent des Nutzholzes, nicht zuletzt Zellstoff zur Papierherstellung.

Was bedeutet „Baumgrenze"?

Das ist die Höhengrenze, ab der keine Bäume mehr wachsen können. Im Gebirge werden die Lebensbedingungen für Bäume mit zunehmender Höhe schlechter. Denn in größeren Höhen ist es im Durchschnitt kälter als im Tal. Die Winter sind strenger, länger und schneereicher. Außerdem machen sich Frost und starke Winde bemerkbar. Und oft brennt die Sonne kräftig herab, weil kein Dunst ihre Strahlen filtert.

Die Ersten, die mit der zunehmenden Höhe nicht zurechtkommen, sind die Laubbäume. An der Alpennordseite reichen die normalen Laubmischwälder bis etwa 800 Höhenmeter. Darüber wachsen Bergmischwälder mit Bergahorn, Fichten und Lärchen. Je höher, desto stärker der Nadelbaumanteil, da Nadelbäume Kälte, winterliche Trockenheit und Schneelasten besser als Laubbäume vertragen. In rund 1500 Metern Höhe beginnt reiner Nadelwald aus Bergfichten. Schließlich endet der Wald in etwa 1900 Metern an der Baumgrenze.

Hier gibt es nur noch einzelne, meist schon recht zerzauste Bäume, die sichtlich gegen die Witterung kämpfen und daher „Wetterbäume" genannt werden. Teils sind sie vom Wind verkrüppelt oder verkrümmt oder ducken sich in den Schutz einzelner Felsen, wo der Schnee sie vor den winterlichen und kalten Eisstürmen schützt.

Bäume und Büsche

Die Höhe der Baumgrenze ist von vielen Einflüssen abhängig, zum Beispiel von der geografischen Lage des Gebirges: In den Tropen etwa liegt sie viel höher im Gebirge als in nördlichen Regionen. Im Himalaya-Gebirge gibt es noch in 4 000 Metern Höhe Dörfer und Getreidefelder.

Was passiert mit einer Wiese, wenn man sie nicht mäht?

Sie wird im Laufe einiger Jahre wieder zu Wald. Denn Wald ist in unserem Land der natürlich vorkommende Bewuchs – es sei denn, die Wiese liegt in einem Gebiet, wo Bäume nicht wachsen können.

Auf einer normalen Flachlandwiese wachsen vor allem Gräser und bestimmte Kräuter. Also Pflanzen, die es vertragen, in voller Sonne zu stehen und zweimal pro Jahr abgemäht zu werden. Gräser und einige andere Wiesenpflanzen können dann rasch aus ihrem Wurzelstock oder ihrer flach am Boden liegenden Blattrosette neue Sprosse bilden. Zweijährige Kräuter, die sich im ersten Jahr voll entwickeln und erst im zweiten Jahr Samen tragen, haben dort keine Chance. Sie stellen sich aber schnell ein, wenn nicht mehr gemäht wird. Weil sie größer werden,

Bäume und Büsche

überwuchern sie bald die typischen Wiesenpflanzen und das Gras. Nach und nach kommen dann auch Büsche auf, die aus herangewehten Samen keimen, zuvor aber von der Mähmaschine sofort gekappt wurden – etwa Hasel und Eberesche. Schließlich sprießen die ersten Bäume, zuerst sonnenvertragende Arten wie Birken und Kiefern, dann auch Buchen, Eichen und andere – je nach Lage der Wiese. Nach einigen Jahrzehnten sieht man dem Wald dann nicht mehr an, dass er einst eine Wiese war.

Was sind Mangroven?

In den Tropen wachsende Baumarten, die Salzwasser vertragen und daher entlang vieler Küsten, Lagunen und Flussmündungen dichte, fast undurchdringliche Wälder bilden. Bei Flut stehen sie im Wasser, bei Ebbe fallen sie weitgehend trocken.

Mangrovenbaum

Atemwurzeln

Meist haben die bis zu 20 Meter hohen Bäume ein dichtes Wurzelgeflecht. Diese Wurzeln bilden einen seltsamen Anblick. Manche ragen direkt aus dem Schlamm – das sind Atemwurzeln, die zur Luftzufuhr dienen. Andere gehen als Stelzwurzeln im Bogen von den Baumstämmen ab. Dadurch wirken Mangroven bei Ebbe wie Bäume, die ins Meer stelzen. Viele Mangrovenarten besitzen spezielle Drüsen, durch die sie überschüssiges Salz ausscheiden können.

Zwischen den Wurzeln bieten Mangroven vielen Tierarten Lebensraum.

Erstaunlich gut an den speziellen Lebensraum ist auch ihre Fortpflanzung angepasst: Die Samen wachsen noch am Baum zu großen Keimlingen heran, die über einen Meter lang sind und eine spitze Wurzel besitzen. Ist der Keimling groß genug, löst sich der junge Baum von der Mutterpflanze, fällt auf den Boden und bohrt dabei seine Wurzel tief in den Schlamm, um sich gegen die Wasserströmungen zu verankern.

Produkte der Natur

Der Mensch ist Teil der Natur. Um zu leben, sind wir auf Produkte aus der Natur angewiesen – auch wenn wir bei vielen alltäglichen Dingen wie Zucker, Mineralwasser oder Leder gar nicht immer daran denken, dass sie aus der Natur, oft sogar von Tieren oder Pflanzen, stammen.

Was ist der Unterschied zwischen Wolle und Baumwolle?

Trotz des ähnlichen Namens haben diese beiden Stoffe wenig miteinander zu tun. Wolle ist Haar von Tieren, meist von Schafen. Sie werden im Frühjahr geschoren, die Wolle gereinigt und zu Fäden versponnen. Baumwolle dagegen ist wie Papier ein Pflanzenprodukt. Sie stammt vom Baumwollstrauch, der eine Höhe von 6 Metern erreicht. Er wird heute in vielen warmen Gebieten kultiviert, weil Baumwolle zu den weltweit wichtigsten Rohstoffen für Kleidung gehört. Der Baumwollstrauch entwickelt große weiße, gelbe oder rote Blüten. Sind sie verblüht, bilden sich daraus Fruchtkapseln. In den Kapseln sind schwarze Samenkörner in einem Büschel weißer, mehrere Zentimeter langer Haare eingebettet. Maschinen trennen Haare und Samenkerne, man verspinnt die Haare zu Fäden, aus denen dann Kleiderstoffe gewebt werden.

Die weißen Haare der Baumwolle betten die Samen ein.

Baumwolle gehört zu den ältesten Kulturpflanzen und ist weltweit verbreitet. Sie wird schon seit mindestens 5000 Jahren in Indien, China, Ägypten sowie in Mittel- und Südamerika genutzt – dort kannte man sie schon lange vor Kolumbus.

Produkte der Natur

Was sind Vitamine?

Unser Körper braucht für wichtige Funktionen in kleinen Mengen bestimmte chemische Stoffe, die er nicht selbst herstellen kann, sondern mit der Nahrung aufnehmen muss. Man nennt diese Stoffe Vitamine und hat sie mit Buchstaben bezeichnet. Derzeit sind etwa 15 bis 20 bekannt. Vitamin A zum Beispiel sowie die für den Knochenaufbau wichtigen D-Vitamine kommen in Lebertran, Karotten, Eigelb und Milch vor. Die wasserlöslichen Vitamine der B-Gruppe (B_1 bis B_{12}) stecken unter anderem in Getreidekörnern und Leber. Und Vitamin C ist in frischem Obst und Gemüse enthalten.

Spinat liefert Vitamin K.

In Äpfeln steckt Vitamin C.

Karotten enthalten Vitamin A.

Mit einer gesunden, abwechslungsreichen Ernährung können wir unseren Bedarf an Vitaminen leicht decken. Ein Vitaminmangel kann allerdings krank machen. Bekannt ist der Skorbut, eine typische Vitamin C-Mangelkrankheit, die zu inneren Blutungen, Zahnausfall und schließlich zum Tode führt. Sie befiel in früheren Jahrhunderten oft Seeleute, die monatelang auf dem Meer waren und sich ohne Gemüse und Obst ernährten. Eine andere Mangelkrankheit ist Rachitis, bei der die Knochen weich und krumm und die Zähne schlecht werden – hier ist Mangel an Vitamin D die Ursache.

Orangen sind sehr reich an Vitamin C.

Mehl liefert B-Vitamine.

Paprika enthält Vitamin C.

Produkte der Natur

Wie wird Kaugummi hergestellt?

Zur Kautschukgewinnung wurden den Bäumen Rillen in die Stämme geritzt.

Früher tatsächlich aus Gummi, nämlich aus dem Naturkautschuk des mexikanischen Sapotill-Baums. Man ritzte seine Rinde an, fing den heraustropfenden weißen Saft „Chicle" auf, kochte ihn ein und goss die erstarrende Masse in Blöcke. Heute wird dieses Naturprodukt kaum noch verwendet, stattdessen stellt man die Kaumasse aus Kunststoffen her. Sie wird gemahlen, geschmolzen, mit Pflanzenharzen, Wachsen, Puderzucker, Sirup, Farb- und Aromastoffen versetzt und gründlich durchgeknetet. Schließlich formt man daraus Streifen oder Kugeln.

Es gibt zahlreiche Sorten, die sich vor allem im Geschmack unterscheiden. Am beliebtesten ist Kaugummi mit Pfefferminzgeschmack, der durch Zusatz von Pfefferminzöl entsteht. Aber auch Nelkenöl und Zimtöl sind oft verwendete Zusätze. Zuckerfreien Kaugummis gibt man statt Zucker und Sirup süß schmeckende Zuckerersatzstoffe zu. Sie sind besonders zahnschonend: Das Kaugummikauen regt den Speichelfluss an, was die Zähne reinigt und stärkt.

Kaugummi ist ein typisch amerikanisches Produkt. Schon die Maya kauten auf erstarrtem Chicle herum, und das erste „moderne" Kaugummi wurde vor rund 150 Jahren hergestellt. Ab 1890 wurde die Chicagoer Firma Wrigley mit ihrem Kaugummi mit Pfefferminzgeschmack weltberühmt. Aber auch in Europa kaute man schon früh: Ein schwedischer Vorgeschichtsforscher fand vor einigen Jahren einen etwa 9000 Jahre alten Kaugummi aus Harz und Honig.

Produkte der Natur

Woher stammt Leder?

Echtes Leder ist Tierhaut, die durch chemische Behandlung fest, biegsam und haltbar geworden ist. Meist werden die Häute von Rindern, Schweinen und Ziegen verarbeitet. Kunstleder dagegen besteht aus speziellen Kunststoffen.

Zur Lederherstellung werden die rohen Häute in Salzlösung gewässert, gereinigt und enthaart. Im nächsten Schritt behandelt man sie mit Kalk und Beize, um sie glatt und weich zu machen. Nun erst kommt das Gerben. Es gibt zwei Möglichkeiten: Entweder nutzt man Stoffe, die das chemische Element Chrom enthalten, sie liefern ein besonders haltbares und hitzebeständiges Leder. Oder man gerbt mit Pflanzenstoffen, insbesondere Gerbsäuren aus Eichenrinde. Bei diesem ursprünglichen Gerbverfahren entsteht ein besonders wasserfestes Produkt. Schließlich wird das Leder noch gewalzt, eventuell gefärbt, geprägt oder aufgeraut. Nach dem Trocken wird es zu Schuhen, Handtaschen oder Geldbeuteln verarbeitet.

Woraus wird Lakritze gemacht?

Weder aus Blut noch aus sonstigen seltsamen Bestandteilen – das sind nur appetitverderbende Gerüchte. In Wirklichkeit wird Lakritze aus dem Saft einer Wurzel hergestellt, und zwar aus der Wurzel des Süßholzstrauches. Er stammt aus dem Mittelmeerraum und wird bis zu 3 Meter hoch. Seine gelbliche Wurzel wird im Herbst gesammelt und zu einem braunen Brei zerkocht. Danach filtert man die unlöslichen Bestandteile ab und dickt den Saft durch weiteres Kochen ein. Beim Abkühlen erstarrt die dunkelbraune klebrige Flüssigkeit zu Lakritze. Sie wird als Süßigkeit und in Form von Hustenpillen verkauft. Den Saft setzt man auch bestimmten Medikamenten und sogar einigen englischen Biersorten zu. Er enthält einen Wirkstoff, das Glycyrrhizin, der Magen und Darm beruhigt. Weitere Inhaltsstoffe lösen Schleim und wirken bei Erkältungen hustenlösend.

Pfefferstrauch mit Beeren

Wo wächst der Pfeffer?

Aus unserer Küche sind dieses bräunliche, streng riechende Pulver oder die kleinen Körner nicht mehr wegzudenken – Fleisch, Suppen, Gemüse und Salat bekommen durch eine Prise Pfeffer erst den richtigen Geschmack. Aber in früheren Jahrhunderten war Pfeffer kostbar wie Gold, nur die Reichsten konnten sich ihn leisten. Er musste von weit her nach Europa gebracht werden. Die Heimat dieses weltweit wichtigsten Gewürzes ist nämlich Indien, wo er seit Jahrtausenden bekannt ist. Heute baut man den Pfefferstrauch aber auch in vielen anderen feuchtwarmen Regionen Asiens an.

Der Pfefferstrauch ist eine Kletterpflanze. Er bildet nach dem Blühen eine Ähre aus kleinen Beeren, die zuerst grün sind, dann rot und schließlich gelb werden. Erntet man sie schon im grünen, unreifen Zustand, erhält man die typischen schwarzen Pfefferkörner. Im Handel sind auch weiße Körner erhältlich. Sie stammen aus reifen roten Beeren, die in Wasser eingeweicht und von ihrer roten Hülle befreit wurden.

Wenn man jemanden dorthin wünscht, „wo der Pfeffer wächst", ist nicht Indien gemeint. Dieser Spruch bezieht sich auf den „Spanischen Pfeffer", die scharfen roten Schoten des Chilipfeffers. Der kommt vor allem aus Cayenne in Französisch-Guyana in Südamerika, wo es eine gefürchtete Strafkolonie gab.

Was sprudelt im Selterswasser?

Wenn die Limonade kräftig sprudelt und aus der Flasche spritzt, dann ist Kohlendioxid im Spiel. Dieses Gas ist farb- und geruchlos und unbrennbar. Menschen und Tiere atmen Kohlendioxid ständig aus. So ist es in winziger Menge (0,035 Prozent) Bestandteil der Luft.

Produkte der Natur

In Wasser löst sich Kohlendioxid recht gut. Schon bei normalem Druck und Zimmertemperatur löst sich ein Dreiviertelliter Gas in einem Liter Wasser. Bei tieferer Temperatur oder höherem Druck noch erheblich mehr. Dabei bildet sich in kleinen Mengen eine schwache Säure – Kohlensäure. Sie zerfällt sehr leicht in Wasser und Kohlendioxid und bildet dabei die sprudelnden Blasen. Es entsteht ein säuerlich schmeckendes, prickelndes und erfrischendes Getränk – eben das Tafelwasser. Die Getränkeindustrie verbraucht deshalb erhebliche Mengen an Kohlendioxid.

Wo kommt das Salz her?

Weil das Meer salzig ist, besitzt die Erde ungeheure Salzvorräte. Knapp 200 Millionen Tonnen werden weltweit pro Jahr gefördert. 70 Prozent kommen aus unterirdischen Lagerstätten, die vor Jahrmillionen beim Eintrocknen von Meeresteilen entstanden. Teils werden sie bergmännisch abgebaut. An anderen Stellen pumpt man Wasser in die Tiefe, das das Salz löst und wieder aufsteigt. In großen Anlagen, den „Salinen", dampft man es dann ein, um reines Salz zu gewinnen. Auch in Salzgärten am Meer wird Salz geerntet, indem man in künstlichen Teichen Meerwasser durch Sonnenwärme verdunsten lässt.

Die weißen Kristalle dienen seit alters her zum Würzen und Haltbarmachen der Nahrung; man schrieb ihnen sogar die Kraft zu, böse Geister und den Teufel zu bannen.

In Salzgärten wird Salz aus Meerwasser gewonnen.

Produkte der Natur

Etwa fünf Gramm Salz müssen wir täglich aufnehmen. Denn die beiden chemischen Elemente Natrium und Chlor, aus denen Kochsalz besteht, sind für uns so wichtig wie Öl fürs Auto. Wenn es fehlt, dann streikt der Körper. Unstillbares Durstgefühl, Muskelkrämpfe und Kopfschmerzen sind die Folge. Das Chlor wird im Magen zu Salzsäure und hilft bei der Verdauung; Natrium brauchen Muskeln und Nerven. Auch das Blut enthält Salz: Jede unserer Zellen wird von einer Salzlösung umspült, deren Zusammensetzung dem Seewasser ähnelt – eine Erinnerung daran, dass alles Leben vor Jahrmilliarden im Meer entstand.

Was ist Zucker?

Früher konnten sich nur reiche Leute das „süße Salz" leisten. Denn Zucker kam von weit her. Er wurde aus Zuckerrohr gewonnen, das nur in tropischen Ländern wächst. Arme Leute süßten ihre Speisen daher mit Honig oder süßen Früchten.

Vor gut 200 Jahren erkannte man, dass der begehrte Stoff nicht nur aus Zuckerrohr, sondern billiger aus einheimischen Zuckerrüben hergestellt werden kann. Seither liefern Zuckerrüben den in Europa käuflichen Rohrzucker. Die Rüben werden geerntet, zerschnitzelt und in Wasser ausgelaugt. Den dabei entstehenden braunen Sirup reinigt man und dampft ihn ein; dabei kristallisiert Zucker aus. Der Zucker wird so lange gereinigt, bis sich schöne weiße Kristalle gebildet haben.

In der Küche wird am häufigsten der Rohrzucker gebraucht. Es gibt ihn in kleinen Kristallen als Kristallzucker, feinst gemahlen als Puderzucker, in großen Kristallen als Kandis und

Die Zuckerindustrie verwendet heute Zuckerrüben als Rohstoff.

Produkte der Natur

sogar als Flüssigzucker. Früher verkaufte man ihn in Form eines Kegels als Zuckerhut. Presst man leicht angefeuchteten Zucker in Formen, entsteht Würfelzucker.

> Vor allem der Zucker ist schuld, dass so viele Afrikaner als Sklaven nach Amerika verschleppt wurden. Zwischen 1600 und 1850 wurden mindestens 20 Millionen Menschen entführt und über den Atlantik gebracht, um in Zuckerrohrplantagen harte Arbeit zu leisten. Der Zucker wurde nach Europa verschifft, insbesondere von englischen Schiffen.

Warum pufft Popcorn?

Nicht etwa, weil die Puffmaiskörner, aus denen es hergestellt wird, eine Art Sprengstoff enthalten. Es ist einfach Wasserdampf, der bei Erwärmung auf 100 Grad Celsius entsteht, die Körner aufbläht und dabei die Maisstärke darin in die beliebte helle, leichte Masse verwandelt. Das funktioniert

Puffmaiskörner platzen beim Erhitzen auf.

allerdings nur mit einer bestimmten Maissorte, bei der nämlich die Außenhülle des Korns keinen Wasserdampf durchlässt – bei normalem Mais wie auch bei anderen Getreidekörnern ist diese Schale so porös, dass sich kein Druck aufbaut. Wichtig ist auch der Wassergehalt des Korns. Er muss bei gut 13 Prozent liegen – zu viel Wasser lässt die Körner einfach zerplatzen, zu wenig gibt nicht genügend Druck. Und natürlich muss die Schale frei von Rissen sein. Dann nur noch etwas Puderzucker darüber, in eine große Tüte gefüllt – und das Popcorn-Naschen kann beginnen.

 Produkte der Natur

Wie entstehen Perlen?

Sie werden im Innern von Muscheln und Austern gebildet. Gerät ein kleiner Fremdkörper, etwa ein Sandkorn, in die Muschel, so reizt er das empfindliche Muschelfleisch. Daher hüllt die Muschel ihn Schicht um Schicht mit einem Schutzmantel ein, damit er keinen Schaden anrichtet. Die Schutzschichten bestehen aus der hornartigen Substanz Conchiolin und aus Aragonit, einer besonders kristallisierten Form von Kalk.

Die Perlen in Austern entstehen über Jahre aus winzigen, eingelagerten Sandkörnern.

Perlen wachsen sehr langsam – in 10 Jahren nimmt der Durchmesser oft nur um einen Millimeter zu. Dennoch kennt man riesige Perlen. Die größte ist unregelmäßig geformt und 24 Zentimeter lang.

Nicht alle Perlen sind weiß, es gibt auch schwarze, rote und cremefarbene Exemplare. Besonders wertvoll sind kugelrunde Perlen, aber auch unregelmäßige Formen, die Barockperlen, werden gehandelt.

Woraus bestehen Eier?

Vögel wie Hühner, Gänse, Enten und Puten bringen keine lebenden Jungen zur Welt, sondern legen Eier. Nach einigen Tagen, in denen das Tier auf den Eiern sitzt und sie wärmt, schlüpfen dann die Küken aus.

Alle Nährstoffe, die das sich entwickelnde Jungtier braucht, sind im Ei enthalten. Direkt unter der Schale liegt das Eiklar, eine zähflüssige Lösung verschiedener Eiweißstoffe in Wasser. Sie umhüllt den gelben Eidotter, in dem neben Eiweiß auch Fette enthalten sind. Und das Ganze ist geschützt durch eine dünne, luftdurchlässige Schale aus Kalk, die dank ihrer besonderen , ovalen Form aber dennoch sehr stabil gegen Druck von außen ist.

Produkte der Natur

Eier sind durch ihren reichen Nährstoffvorrat sehr nahrhaft. Jeder von uns isst durchschnittlich 230 Eier pro Jahr.

Manche Eier sind weiß gefärbt, andere braun. Im Geschmack sind beide aber gleich – auch wenn das gerne anders behauptet wird. Die Farbe hängt lediglich von der Hühnerrasse ab.

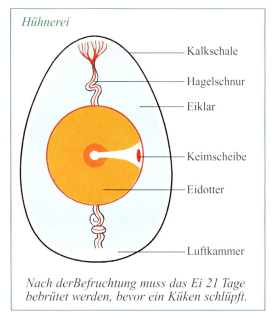

Hühnerei

Nach der Befruchtung muss das Ei 21 Tage bebrütet werden, bevor ein Küken schlüpft.

Wild lebende Hühner legen 6 bis 12 Eier pro Jahr, Hühner in Legebatterien aber über 300. Das liegt daran, dass sie Rassen angehören, die auf besonders hohe Legeleistung gezüchtet sind. Außerdem wendet man diverse Tricks mit speziellem Futter und der Beleuchtung an, um die Leistung der Hühner weiter zu steigern.

Was ist Milch?

Verkauft wird sie in Flaschen und Tüten, doch erzeugt wird sie im Euter einer Kuh – eigentlich als erste Flüssignahrung für ein Kalb. Stattdessen füttern wir heute das Kalb mit Ersatznahrung und melken die Kuh zweimal am Tag. Dadurch produzieren ihre Milchdrüsen immer weiter die begehrte Flüssigkeit.

Milch besteht aus 85 bis 90 Prozent Wasser, dazu kommen Eiweiß, Fett, Milchzucker, Mineralstoffe und Vitamine. Die Fettkügelchen sind leichter als der Rest der Lösung und steigen daher mit der Zeit an die

Produkte der Natur

Oberfläche, wo sie sich als Sahne absetzen. In der Molkerei trennen große Schleudern (Zentrifugen) dieses Fett, auch Rahm genannt, ab. Zurück bleibt Magermilch.

Ein Teil des Rahms wird nun wieder mit Magermilch gründlich vermischt. Dabei entsteht Vollmilch mit etwa 35 Gramm Fett pro Liter. 15 bis 30 Sekunden langes Erhitzen auf 73 Grad Celsius tötet einen großen Teil der darin enthaltenen Bakterien ab, ohne den Milchgeschmack zu verändern. Die Bakterien würden sonst die Milch nach kurzer Zeit sauer werden lassen. Man nennt dieses Verfahren nach dem Erfinder, dem Franzosen Louis Pasteur (1822-1895) „pasteurisieren". Pasteurisierte Milch hält sich einige Tage. Erhitzt man die Milch eine Sekunde lang auf 140 Grad, bleibt sie sogar einige Wochen haltbar und wird als H-Milch verkauft.

> Wenn die Milch kocht, gerinnt das Milcheiweiß und bildet eine Haut. Dann können die Wasserdampfblasen nicht, wie beim Wasser, einfach aufsteigen und zerplatzen, sondern sammeln sich unter der Haut und heben sie plötzlich mit empor: Die Milch kocht über.

Was ist der Unterschied zwischen Butter und Margarine?

Butter wird aus tierischen Fetten der Kuhmilch hergestellt, Margarine dagegen aus Pflanzenfetten. Zur Butterherstellung schöpft oder zentrifugiert man zunächst die Sahne – also den Fettanteil – der Milch ab. Dann kühlt man sie und rührt sie längere Zeit. Dabei lagern sich die Fettkügelchen zu Butterflocken zusammen. Butter enthält etwa 80 Prozent Fett und 20 Prozent Wasser. Bisweilen wird etwas Salz oder Farbstoff hinzugefügt. Die nach dem Abscheiden der Butter übrig bleibende säuerliche Flüssigkeit, die noch das Eiweiß der Milch enthält, ist die fettarme Buttermilch.

Butter wird aus tierischen Fetten hergestellt.

Produkte der Natur

Rohstoff für die Margarineherstellung sind fette Stoffe aus Pflanzen. Im Gegensatz zu tierischen Fetten sind sie allerdings bei normaler Temperatur meist flüssig, also Öle. Diese Öle aus Sojabohnen, Sonnenblumenkernen, Baumwollkernen, Kokosnüssen oder Rapssamen werden zunächst „gehärtet", das heißt, man verändert ihre chemische Zusammensetzung, so dass die Endprodukte bei Zimmertemperatur fest sind. Sie werden nun mit unveränderten Pflanzenölen, Wasser, Salz, Vitaminen und Hilfsstoffen zu einer streichfähigen, appetitlich aussehenden Paste aus Fett und Wasser verrührt und geknetet – eben der Margarine.

Margarine enthält gehärtete Fette.

Margarine entstand um 1860 aus einer Notsituation heraus. Der Chemiker Hippolyte Mège-Mouriès erfand damals ein Produkt aus Rindertalg und Wasser, das er wegen der weißlichen Farbe nach dem griechischen Wort für Perle (margaron) Margarine nannte. Lange Zeit galt Margarine daher als minderwertiger Butterersatz. Die heutigen Sorten sind aber längst der Butter ebenbürtig.

Was kann man alles aus Milch herstellen?

Butter ist bei weitem nicht das einzige Produkt aus Milch. Die durch Schleudern der Milch gewonnene Sahne zum Beispiel wird als Schlagsahne mit etwa 30 Prozent Fettgehalt verkauft. Sahne kann man mit Milchsäurebakterien versetzen. Die verwandeln Milchzucker in Milchsäure, und es entsteht Sauerrahm. „Crème fraiche" ist Sauerrahm mit etwa 40 Prozent Fettgehalt.

Auch Jogurt entsteht aus Milch durch bestimmte Milchsäurebakterien. Lässt man frische Rohmilch stehen, vermehren sich Milchsäurebakterien darin, die Milch wird sauer. Aus dieser „Dickmilch" scheidet sich eine weiße Masse ab, die durch Lagern und Salzen zu Sauermilchkäsen (etwa Quark oder Harzer Käse) verarbeitet wird. Zurück bleibt die eiweiß- und vitaminreiche „Molke".

Produkte der Natur

Für die meisten anderen Käsesorten erzeugt man Dickmilch mit Hilfe von „Lab" – einem aus Kälbermägen oder bestimmten Pflanzen gewonnenen Stoff. Dann wird die Masse gesalzen, mit bestimmten Bakterien oder Schimmelpilzen geimpft – je nach gewünschter Sorte – und unter bestimmten Umständen gelagert. Bei dieser Reifung entstehen aus Kuhmilch Gouda, Emmentaler oder auch Camembert. Weltweit gibt es um die 4000 Käsesorten aus verschiedenen Milcharten und mit den unterschiedlichsten Geschmacksrichtungen.

Neben Käse aus Kuhmilch sind auch Sorten aus Ziegen-, Büffel- und Schafmilch beliebt.

Wie kommen die Löcher in den Käse?

Das ist eine der beliebtesten Fragen. Für viele Menschen ist es ein Rätsel, warum die Scheiben vom Emmentalerkäse große Löcher haben. Dabei ist die Ursache ganz einfach. Sie werden natürlich keineswegs hineingebohrt. Vielmehr waren diese Löcher in den Käsescheiben ursprünglich kugelige Gasblasen in der erstarrten Käsemasse. Dem Emmentalerkäse setzt man nämlich eine bestimmte Bakterienart zu. Sie entwickeln sich im Käse, bauen einen Bestandteil der Masse ab und erzeugen dabei den besonderen, beliebten Geschmack dieser Käsesorte. Die Bakterien erzeugen bei ihrer Tätigkeit

Produkte der Natur

aber auch ein Gas, nämlich Kohlendioxid. Es kann aus der zähen Käsemasse nicht entweichen und bildet daher große Gasblasen – und die ergeben beim Schneiden die Löcher.

Was ist Tee?

Das seit Jahrtausenden beliebteste Getränk der Erde ist ein Aufguss aus den speziell behandelten Blättern und Knospen des Teestrauchs. Dessen Heimat ist vermutlich Indien, und noch heute wird Tee besonders in Asien angebaut und getrunken. Nach dem Pflücken werden die Teeblätter zunächst etwas getrocknet und dann gerollt. Nächster Schritt ist das „Fermentieren": Man bläst über sie einen Luftstrom von etwa 30 Grad Celsius. Dabei bilden sich die typischen Aromastoffe, und die Blätter nehmen eine kupferne, dunkle Farbe an. Schließlich trocknet man die Blätter, siebt und verpackt sie.

Es gibt drei Teesorten: Schwarzer Tee, grüner Tee – hier lässt man das Fermentieren aus – und Oolong-Tee, der nur zum Teil fermentiert ist. In der Küche gießt man über einige Löffel Tee heißes Wasser und lässt ihn ein paar Minuten ziehen.

Teestrauch

Tee spielte bei der Gründung der Vereinigten Staaten eine wichtige Rolle. Ursprünglich war die Ostküste Nordamerikas britische Kolonie. Als England aber den Kolonien immer höhere Steuern auferlegte, wehrten sich die Kolonisten. Höhepunkt war 1773 die „Boston Tea Party": Als Indianer verkleidete Bostoner Bürger entleerten aus Protest englische Teekisten ins Wasser. Bald darauf begann der Unabhängigkeitskrieg. 1776 gründeten sich die USA als eigener Staat, und 1783 musste England diese Unabhängigkeit anerkennen.

Produkte der Natur

Wo kommt Kaffee her?

Schon vor 1000 Jahren trank man im heutigen Äthiopien einen Aufguss aus grünen Kaffeebohnen. Etwa im 12. Jahrhundert wurde dann das „Rösten" der Kaffeebohnen erfunden. Erst durch diese Wärmebehandlung entsteht das typische Kaffeearoma. Einen Siegeszug ohnegleichen erlebte der Kaffee bei den Arabern. Sie nannten den schwarzen Trank „qahwa". 1554 öffnete das erste öffentliche Kaffeehaus in Konstantinopel – dem heutigen Istanbul. Ab dem 18. Jahrhundert eroberte der Kaffee auch Europa und Amerika.

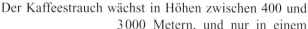

Der Kaffeestrauch wächst in Höhen zwischen 400 und 3000 Metern, und nur in einem Gürtel entlang des Äquators. Trotzdem verträgt der Kaffeestrauch keine volle Sonne, daher werden zwischen die Reihen der Kaffeesträucher Schattenbäume gepflanzt. Die reifen dunkelroten Kaffeekirschen werden mit der Hand abgestreift und in großen Körben gesammelt. Geröstet wird der Kaffee erst im Verbraucherland, denn sonst würde er unterwegs zu viel von seinem Aroma verlieren. Er wird bei 200 bis 250 Grad Celsius in großen, sich drehenden Trommeln erhitzt, wo sich die Farbe der Bohnen in 10 bis 20 Minuten von Grün über Gelb bis zum charakteristischen Kaffeebraun verändert.

Die anregende Wirkung verdankt der schwarze Trank dem Inhaltsstoff Coffein. Es steigert die Herztätigkeit, erhöht den Puls, erweitert die Blutgefäße und fördert die geistige Aktivität.

> Kaffee war lange Zeit recht teuer. Daher stellte man Getränke mit ähnlichem Geschmack aus gerösteten Eicheln, Brot oder der Wurzel der Zichorie her. Malzkaffee gibt es auch heute noch – er erhält kein Coffein.

Produkte der Natur

Welche Sorten von Getreide nutzen wir hauptsächlich?

Getreide spielt in der Ernährung der Menschen auf der ganzen Erde eine führende Rolle. An der Spitze aller Nahrungspflanzen steht der Weizen, von dem allein pro Jahr rund 590 Millionen Tonnen geerntet werden – würde man diese unvorstellbare Menge in die Waggons eines Güterzugs verladen, reichte dieser Zug fünfmal um den Äquator!

Es ist ganz leicht, die wenigen Getreidearten zu unterscheiden. Weizen erkennt man an der geraden, fingerdicken Ähre aus rund 50 Körnern, die jeweils nur wenige Millimeter kurze Haare, die „Grannen", tragen. Die wichtigste Weizensorte ist Saatweizen, der Mehl für Weißbrot, Brötchen und Kuchen liefert. Noch länger sind die Grannen an den silbergrauen Roggen-Ähren. Aus dem Roggen-Mehl wird zum Beispiel Grau- und Schwarzbrot sowie Knäckebrot gebacken.

Die längsten Grannen hat Gerste. Gerstenmehl eignet sich nicht zum Backen, aber Gerstenkeime liefern einen wichtigen Grundstoff des Biers.

Hafer besitzt keine Ähre. Seine Körner stehen an kleinen Stielchen in einer Rispe zusammen. Aus zerquetschten Körnern macht man Haferflocken. Außerdem ist Hafer ein beliebtes und nahrhaftes Pferdefutter.

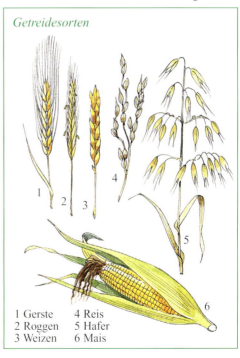

Getreidesorten

1 Gerste   4 Reis
2 Roggen   5 Hafer
3 Weizen   6 Mais

Mais sieht ganz anders aus als die anderen Getreidearten. Sein dicker Stiel wird mehr als 2 Meter hoch und trägt große Blätter. Im Laufe des Sommers bildet sich der von Blättern umhüllte wuchtige Maiskolben mit den Reihen goldgelber Körner. In Asien essen mehr als 2 Milliarden Menschen täglich Reis. Er wächst nur auf Feldern, die mit Wasser überflutet sind. Und in Afrika wird viel Hirse angebaut, denn sie gedeiht auch bei Wassermangel.

Wo wächst Schokolade?

Kakao, das Ausgangsprodukt von Schokolade, ist das Produkt eines Baumes. Allerdings ist es ein langer Weg vom Baum zur Tafel.

Der Kakaobaum stammt aus Mittelamerika. Seine bräunlichen, gefurchten Früchte, die Schoten, werden bis zu 30 Zentimeter lang und ein halbes Kilogramm schwer. Sie enthalten, eingebettet in weißliches, süßsäuerlich schmeckendes Fruchtfleisch, etwa 30 Samen. Aus diesen Kakaobohnen wird zunächst das Fett, die Kakaobutter gewonnen. Der Rest der Schote wird als fein gepulvertes Trinkkakaopulver verkauft. Zur Herstellung von Schokolade wird Kakaomasse bei etwa 40 Grad Celsius in Rührwerken mit Zutaten wie Puderzucker, Kakaobutter, Milchpulver und Aromastoffen gründlich vermischt. Anschließend bewegt sich eine Walze durch

Je nach Sorte können die Kakaoschoten rot, gelb oder auch braun gefärbt sein.

die 70 Grad heiße Schokoladenmasse, so dass diese mit Luft in Berührung kommt. Erst bei diesem „Conchieren" reift das Aroma vollständig aus. Schließlich wird die Schokolade in Tafeln gegossen oder zu Weihnachtsmännern und anderen Leckereien verarbeitet.

Produkte der Natur

Schon die Azteken brauten aus gerösteten Kakaobohnen, Wasser, Vanille und Honig ein braunes, dickflüssiges Getränk, das sie „Xocoatl" nannten. Über Spanien kam diese „Schokolade" dann nach Europa – als Getränk: Man schabte Kakaopulver in heißes Wasser oder Milch, gab Zucker oder Honig hinzu und quirlte die hellbraune Flüssigkeit schaumig.

Schokolade ist für uns als Süßigkeit gar nicht mehr wegzudenken.

Gibt es Bäume, die Eukalyptusbonbons tragen?

Schön wärs, vielleicht wachsen die im Schlaraffenland. Es gibt aber tatsächlich Eukalyptusbäume. Deren Heimat ist Australien, wo sie große Wälder bilden. Einzelne Bäume werden über 100 Meter hoch. Sie besitzen immergrüne Blätter, eine sich in Platten ablösende Borke, und sie duften aromatisch. Neben wertvollem Holz liefern sie ein wohlriechendes Öl. Eukalyptusöl wird in manchen Medikamenten gegen Erkältung verwendet und auch Eukalyptusbonbons beigemischt. Es besteht aus mehreren leicht flüchtigen, duftenden Ölen und kann Schleim lösen und die verstopfte Nase frei machen.

Ganz besonders auf Eukalyptusbäume angewiesen sind die australischen Koalas: Diese spezialisierten Beutelbären ernähren sich ausschließlich von Eukalyptusblättern – und zwar jeweils nur von ganz bestimmten Arten – und von nichts anderem. Deshalb ist es auch sehr schwer diese Tiere in Zoos zu halten.

Produkte der Natur

Wie wird Bier gebraut?

Hergestellt wird Bier vor allem aus Gerste. Nur das erfrischende Weizenbier stammt tatsächlich aus Weizen. Zunächst weicht man die Gerstenkörner mit Wasser ein und lässt sie dann einige Tage in feuchter Wärme liegen, bis sie keimen. Die gekeimten Körner, das „Grünmalz", trocknet man dann in einer geheizten Kammer, der „Darre". Je höher die Temperatur, desto dunkler wird nachher das Bier.

Als Nächstes kocht man dieses zuckerreiche Malz zusammen mit Wasser im Gärbottich. Schließlich werden die festen Stoffe abgetrennt. Zurück bleiben die gelösten Inhalts- und Aromastoffe aus dem Malz. Nun fügt der Braumeister eine genau abgemessene Portion Hopfen dazu. Diese Pflanze enthält Bitterstoffe, die dem Bier seinen durstlöschenden herben Geschmack geben. Noch einmal wird gekocht, die Flüssigkeit geklärt und dann abgekühlt.

Den nächsten Schritt führen Kleinpilze aus, nämlich die Hefepilze der Bierhefe. Man füllt die mit Bierhefe versetzte Flüssigkeit für etwa 8 Tage in große Tanks. In dieser Zeit verwandeln die Hefepilze den Zucker in Alkohol und erzeugen große Mengen Kohlensäuregas, die das Bier zum Schäumen bringen. Schließlich lässt man das Bier noch einige Tage ruhen, filtert alle festen Stoffe ab und füllt es in Fässer oder Flaschen.

Brauereikessel (oben), Hopfen (unten)

Alkohol entsteht bei der Herstellung von Getränken durch die Arbeit winziger Pilze (Hefen) aus Zucker. Im Körper wirkt Alkohol als Nervengift und kann bei ständigem Genuss schwere Schäden hervorrufen. In kleinen Mengen macht er meist fröhlich – aber auch fahruntüchtig! Größere Mengen machen müde, angriffslustig oder führen sogar zum Tod.

Register

A
Ähren 95, 123
Albatros 35, 36
Algen 87, 93
Alkohol 126
Allergie 53
Alter 6
Altweibersommer 61
Ammoniten 78
Anopheles 52
Apfelwickler 57
Archäopteryx 75
Atemwurzel 107
Atmung 42, 66, 70
Auge 6, 7, 40, 44, 58
Augenfeder 37
Aussterben 49, 76, 79
Auster 116

B
Bachstelze 40
Bärlappe 87
Baumgrenze 105, 106
Baumwolle 108
Bestäuber 90
Beutegreifer 31
Beuteltiere 30
Bienenvolk 57
Bier 126
Blasloch 70
Blättermagen 32
Blattgrün, s. Chlorophyll
Blauwal 14, 78
Blindschleiche 46
Blumensorte 87
Blüte 86, 88, 90, 95, 104
Blütenpflanze 87
Blütenstaub, s. Pollen
Blutsauger 53, 54, 62
Brennnessel 80
Buckelwal 65
Butter 118

C
Cellulose 32, 92
Chamäleon 44
Chitin 48, 51, 52
Chlor 114
Chlorophyll 92, 102
Coffein 122

D
Delfin 63, 64, 70
Dinosaurier 43, 71ff
Dipolodocus 72
Doldenblütler 89
Dornen 80
Dromedar 26
Dünger 85

E
Echopeilsystem 15
Ei 38, 42, 43, 116, 117
Eidechse 43, 47
Einzelaugen 7, 58
Eiszeittiere 79
Elefant 16, 17
Elefantenrüssel 16
Ente 39

Erdboden 81
Ernährung 109
Ernte 123
Eukalyptusbaum 97, 125
Eule 40

F
Facettenauge 7, 48
Falter 50, 90
Fangfaden 67, 68
Fangnetz 61
Farn 87
Faultier 25
Federn 33, 43, 76
Feldhase 18
Fell 14
Fermentieren 121
Fichte 104
Fischaurier, s. Pleisiosaurier
Fische 66, 71
Fischsaurier 43
Flechte 93
Fledermaus 15
Fleischfresser 31, 72, 77
Fliege, s. Stubenfliege
Fliegende Fische 69
Flügelspannweite 35, 76
Fluggeschwindigkeit 35
Flughöhe 35
Flugsaurier 43, 76
Fossilien 71, 76
Frequenzbereich 64
Frosch 42, 43
Frucht 86, 89, 98
Fruchtknoten 86
Fruchtkörper 92
Frühblüher 91

G
Gären 126
Gepard 74
Gerben 111
Gerste 123, 126
Getreide 96, 123
Geweih 26, 27
Gift 45, 53, 55, 59, 67, 68, 83, 93, 96
Giftschlange 45
Giftspinne 59
Giftstachel 55
Giraffenhals 20
Glühwurm 52
Grannen 123
Gräser 94, 95
Griffel 86
Großtrappe 35
Grubenotter 46
Grünmalz 126
Gummi 110

H
Haar 43
Hafer 123
Handelsdünger 85
Hauswinkelspinne 62
Häutung 46, 50

Hefe 126
Herde 12
Hirsche 26-28
Hirse 124
H-Milch 118
Höcker 25
Holz 99, 105
Honig 56
Honigbiene 55, 56
Hopfen 126
Hörner 26
Hornisse 55
Hunderassen 22
Hyphen 92

I
Ichthyosaurier 73
Indricotherium 79
infrarotes Licht 46
Insektenstich 53, 55
Intelligenz 13, 63, 75

J
Jacobson'sches Organ 46
Jahresringe 99
Joghurt 119

K
Kaffee 122
Kaiserpinguin 12, 63
Kakao 124
Kalk 68, 116
kaltes Licht 52
Kamel 25, 26
Känguru 30
Kaninchen 18
Kanker, s. Weberknecht
Kannenpflanze 83
Kapsel 86
Käse 120
Katzenauge 24
Kaugummi 110
Kaulquappe 42
Kautschuk 110
Kehlsack 43
Kerbtier 48
Kiefer 104
Kiemen 42, 66
Klapperschlange 45, 46
Knolle 82, 91
Koala 125
Kohlendioxid 66, 112, 121
Kohlensäure 113
Kondor 36
Konkurrenz 40, 84
Kopffüßer 7, 66, 67
Korallen 68
Körperfärbung 44
Körpertemperatur 14, 25, 33, 39, 42, 75
Krabbenspinne 61
Krake 7, 66
Krankheitserreger 52, 54, 62
kreuzen 88
Kreuzotter 45

Kreuzspinne 60
Kriechtiere 43
Krokodil 43, 73
Kröten 42, 43
Kryptozoologie 10
Kuhmägen 32
Kulturpflanze 108

L
Lab 120
Labmagen 32
Lakritze 111
Landtiere 43, 70, 73
Lärche 101
Larve 53, 57
Laubbäume 100, 102
Laubfrosch 47
Leder 111
Leuchtkäfer 52
Leuchtorgan 70
Lichtempfindlichkeit 7, 24, 40
Linse 7, 24, 58
Linsenauge 7
Löwenzahn 89
Lunge 43, 51, 63, 70
Lurche 42
Lyme-Krankheit 62

M
Magermilch 118
Mais 15, 124
Malaria 52
Mammut 79
Mammutbaum, s. Riesenmammutbaum
Mangrove 107
Margarine 118
Mauersegler 37
Milch 117
Milchdrüsen 13
Milchsäurebakterien 119
Mineralsalze 85
Molch 43
Molke 120
Moos 87
Mücke, s. Stechmücke
Mustang 30

N
Nadelbäume 100
Nahrungsvorrat 11, 25, 57
Narbe 86, 88
Natrium 114
Nektar 56, 88, 90
Nesselzellen 67
Nest 38, 75
Netzhaut 7, 24, 58
Netzmagen 32

O
Ohrwurm 56
Öl 119

P
Pansen 32
Panzerdinosaurier 74
Pasteurisieren 118
Perle 116
Pfau 37

127

Register

Pfeffer 112
Pflanzenfresser 72, 74, 76, 79
Pflanzenschutzmittel 84
Pflanzenzucht 88
Photosynthese 92
Pilze 87, 92, 93, 96
Pleisiosaurier 73
Pollen 86, 103
Pony 29
Popcorn 115
Pottwal 63, 70
Przewalski-Pferd 30
Pupille 7, 24
Puppe 50
Pusteblume, s. Löwenzahn

Q Qualle 67, 68
Quark 119

R Raubdinosaurier 72, 74
Raubtiere 31
Raupe 50
Reh 26-28
Reis 124
Reptilien 42f, 71, 73
Ricke 28
riechen 45, 46
Riesenmammutbaum 97
Riff 68, 69
Rispe 95, 123
Roggen 123
Rohrzucker 114
Rothirsch 26
Rudel 12
Rüppell-Geier 35

S Sahne 118
Saline 113
Salz 113
Samen 86, 89, 90, 95, 98, 104
Samentransport 89, 90, 98
Sauerrahm 119
Sauerstoff 66, 70, 92
Säugetier 13, 14, 43, 70, 71, 78
Saugrüssel 54
Sauropoden 72, 74
Schachtelhalm 87
Schallortung 64
Schildkröte 43
Schimmel 96
Schlange 43, 45
Schlangenbiss 45
Schmetterling 50, 57, 90
schnurren 23
Schokolade 124
Schoten 124
Schwalbe 39, 40
Schwarm 12
Schwarze Witwe 59
Seewespe 68
Selterswasser 112
Singvogel 34
Skelett 71
Skorpion 58
Sonnenenergie 92
Sonnentau 83
Specht 41
Speisepilz 93
Spelze 95
Spinnenbiss 59
Spinnennetz 60
Sporen 87, 93
Springkraut 90
Springspinne 61
Stachelapparat 55
Stacheln 80
Stärke 92
Staubbeutel 86
Stechmücke 52, 53
Stelzwurzel 107
Stempel 86
Stickstoff 85
Stinktier 28
Strauß 36, 74
Stubenfliege 54
Symbiose 94

T Tannenzapfen 104
Tapetum lucidum 24
Tarnung 25, 44
tauchen 63, 70
Tee 121
Tentakel, s. Fangfäden
Tiergruppen 14, 71
Tintenfisch 7, 66
Trachee 51
Trampeltier 26
Traubenzucker 92
Tyrannosaurus rex 72

U Ultraschallsignale 15
Ultraviolettes Licht 8
Urvogel, s. Archäopteryx

V Venusfliegenfalle 83
Verdunstung 101
Verwitterung 81

Vitamine 109
Vögel 33ff, 43, 71
Vogelgesang 34
Vogelspinne 58, 59
Vogelzug 40
Vollmilch 118

W Waben 57
Wal 70
Walgesang 65
Wanderlaubsänger 40
Warmblüter 70, 74
Wasserspinne 61
Wassertransport 101
Weberknecht 59
wechselwarm 42
Wedellrobben 63
Weißstorch 40
Weizen 123
Wespe 55
Wetterbaum 105
Wiederkäuer 32
Wiese 106
Windbestäubung 88, 95, 103
Winterschlaf 11
Wolle 108
Wurzeln 82

Z Zapfen 104
Zebrastreifen 17
Zecke 58, 62
Zitzen 13, 30
Zuckerrübe 114
Zugvögel 9, 40
Zunge 44, 45

Dieses Buch ist auf chlorfrei gebleichtem Papier gedruckt.

Bildquellennachweis
Illustrationen: Remo Berselli, Milan Illustrations Agency, Frank Kliemt, Hamburg: S. 24
Cartoons: Thies Schwarz, Hannover
Fotos: Corbis Stockmarket, Düsseldorf: S. 71; Focus, Hamburg: S. 80 (SPL); idea Schmetterlings-Paradies Neumarkt, www.schmetterlingspark.de/idea: S. 50, 51; Info-Zentrum Schokolade, Leverkusen: S. 124; Köthe, Neckarbischofsheim: S. 113; Photodisc, Hamburg: S. 6, 8u, 12, 14, 17, 18, 25, 28, 31, 32, 37, 41, 43, 45, 47, 57u, 60, 63, 67, 79, 81, 83, 88, 93, 94, 98, 100, 102, 103, 106, 109, 116, 123; Tessloff Verlag, Nürnberg: S. 57o, 119, 125; ZEFA, Düsseldorf: S. 21, 22, 34, 52, 55, 59, 87, 91, 111, 120, 126

Copyright © 2002 Tessloff Verlag, Burgschmietstraße 2-4, 90419 Nürnberg. www.tessloff.com

Die Verbreitung dieses Buches oder von Teilen daraus durch Film, Funk oder Fernsehen, der Nachdruck, die fotomechanische Wiedergabe sowie die Einspeicherung in elektronischen Systemen sind nur mit Genehmigung des Tessloff Verlages gestattet.

ISBN 3-7886-0962-1